Anselm Grün

Dem Alltag eine Seele geben

Anselm Grün

Dem Alltag eine Seele geben

HERDER

FREIBURG · BASEL · WIEN

Ausgewählt und herausgegeben
von Ludger Hohn-Morisch

Umschlagmotiv: © zefa visual media, Düsseldorf

Neuausgabe, dritte Auflage 2006

www.herder.de
Satz: DTP + Printmediengestaltung M. Raufer, Emmendingen
Druck und Bindung: fgb · freiburger graphische betriebe
www.fgb.de
Gedruckt auf umweltfreundlichem,
chlor- und säurefrei gebleichtem Papier
Printed in Germany

ISBN-13: 978-3-451-28403-8
ISBN-10: 3-451-28403-0

Inhalt

4

Ewig junge Lebensweisheit der Bibel

5

Unser Leben im Spiegel der Christusgeschichte

6

Der große Atem der Freiheit

Vorwort

Die benediktinische Spiritualität ist geprägt vom Miteinander und Ineinander von Gebet und Arbeit. „Ora et labora" wurde zur Devise benediktinischen Lebens. Diese Devise bezieht sich nicht nur auf das rechte Maß von Gebet und Arbeit, das das Leben eines Mönches genauso wie das eines Weltmenschen prägen soll. Sie meint vielmehr, dass mir Gott mitten im Alltag begegnet, dass die Art und Weise meiner Arbeit anzeigt, ob ich aus der Quelle des Heiligen Geistes lebe oder aus anderen Quellen. Wie ich mit den Dingen umgehe, zeigt meine Spiritualität oder eben den Mangel daran.

Viele Menschen meinen, geistliches Leben sei vor allem, neben den Anforderungen des Alltags Zeit zur Stille und zum Gebet zu haben. Das ist sicher ein wesentlicher Teil der Spiritualität. Die Spiritualität braucht Räume, in denen die Seele zum Atmen kommt. Aber oft genug sind diese Zeiten des Gebetes und des Schweigens ohne Zusammenhang zur Tätigkeit im Beruf oder zum Miteinander in der Familie. Benedikt will, dass das Gebet die Arbeit präge und dass die Arbeit selber ein spiritueller Weg sei. In der Arbeit zeigt sich, ob ich mich von Gott in Dienst nehmen lasse oder ob ich mich selbst in den Mittelpunkt stelle. In der Arbeit bin ich ständig herausgefordert, meine Emotionen zu klären, den Weg der inneren Reinigung zu gehen, der ja die erste Stufe auf dem mystischen Weg zur Erleuchtung und zur Einswerdung mit Gott ist.

Die geerdete Spiritualität des hl. Benedikt kommt sehr gut im Titel dieses Buches zum Ausdruck: „Dem Alltag eine Seele geben“. Wenn ich nicht im Alltag Gottes Geist sichtbar werden lasse, dann nützt alles Sprechen von Spiritualität nichts. Wenn die Spiritualität keinen sichtbaren Ausdruck findet, ist sie wertlos und kraftlos. Spiritualität will den Alltag durchdringen. Der Geist Gottes will die konkrete Welt meines Lebens verwandeln. Der Alltag ist der Ort der Gotteserfahrung. Wenn ich diese Sichtweise Benedikts übernehme, dann gebe ich meinem Alltag eine Seele. Dann muss sich meine Seele nicht dem Alltag entziehen. Vielmehr wird sie sich im alltäglichen Tun ausdrücken. Und je mehr sie sich konkret ausdrückt, desto mehr nimmt sie Fleisch an. Desto mehr vollzieht sie die Fleischwerdung des göttlichen Wortes, die wir in Jesus Christus feiern, in den Alltag hinein.

Ken Wilber, der wie kein anderer die spirituelle Szene in Amerika kennt, meint, in den USA sei die Spiritualität in den letzten Jahren eine einzige Regression gewesen. Es ginge ihr immer nur ums Wohlfühlen. Ken Wilber sieht richtig, dass solche Spiritualität keine Kraft hat, die Welt zu verändern. Die benediktinische Spiritualität hat im Mittelalter die Welt geprägt. Sie hat einen Raum der Kultur eröffnet, eine neue Qualität des Miteinanders geschaffen und ein Gespür für den sorgfältigen und behutsamen Umgang mit der Schöpfung vermittelt. Sie ist sichtbar geworden in den Bauten, aber auch in der Kultivierung der Landschaft und in der Bildung von Menschen. Wir brauchen heute wieder eine Spiritualität, die die Kraft hat, sich in diese Welt hinein zu inkarnieren, die dem Alltäglichen, Durchschnittlichen und Banalen eine Seele gibt, damit wir nicht nur zurückgezogen an Orte der Stille, sondern mitten im Alltag die Weite und den Reichtum unserer Seele zu spüren vermögen.

Anselm Grün

1

An den Ufern der Stille

Aufruf zur Sorglosigkeit

Nach Martin Heidegger ist der Mensch wesentlich einer, der sich sorgt. Das Dasein ist Sorge. In der Welt sein heißt: sich um sich und seine Existenz sorgen, besorgt sein um sich und für sich selbst sorgen. Die Sorge macht den Menschen unruhig und lässt ihn nirgends ausruhen. Heidegger zitiert die römische Fabel von der Sorge, der Cura:

„Als einst die ‚Sorge' (Cura) über einen Fluss ging, sah sie tonhaltiges Erdreich: Sinnend nahm sie davon ein Stück und begann es zu formen. Während sie bei sich darüber nachdenkt, was sie geschaffen, tritt Jupiter hinzu. Ihn bittet die ‚Sorge', dass er dem geformten Stück Ton Geist verleihe. Das gewährt ihr Jupiter gern. Als sie aber ihrem Gebilde nun ihren Namen beilegen wollte, verbot das Jupiter und verlangte, dass ihm sein Name gegeben werden müsste. Während über den Namen die ‚Sorge' und Jupiter stritten, erhob sich auch die Erde (Tellus) und begehrte, dass dem Gebilde ihr Name beigelegt werde, da sie ja doch ihm ein Stück ihres Leibes dargeboten habe. Die Streitenden nahmen Saturn zum Richter. Und ihnen erteilte Saturn folgende anscheinend gerechte Entscheidung: ‚Du, Jupiter, weil du den Geist gegeben hast, sollst bei seinem Tode den Geist, du, Erde, weil du den Körper geschenkt hast, sollst den Körper empfangen. Weil aber die ‚Sorge' dieses Wesen zuerst gebildet, so möge, solange es lebt, die ‚Sorge' es besitzen. Weil aber über den Namen Streit besteht, so möge es ‚homo' heißen, da es aus humus (Erde) gemacht ist.'"

Der Mensch ist also wesentlich einer, der sich sorgt. Sein ganzes Dasein ist von der Sorge für sich selbst bestimmt. Solange er lebt, gehört er der Sorge. Erst im Tode hört die Sorge auf, über ihn zu herrschen. Dann wird er Jupiter bzw. der Erde gehören. Die Römer haben in dieser Fabel zum Ausdruck gebracht, dass alles, was wir tun, von der Sorge geprägt ist. Die Sorge treibt uns an, zu arbeiten, den Lebensunterhalt zu verdienen, die Zukunft abzusichern, den Besitz zu mehren, damit wir endlich einmal ruhig und sicher leben können.

Jesus versteht den Menschen anders. Der Mensch ist nicht zuerst einer, der sich sorgt, sondern einer, der vertraut, der sich im Vertrauen zum Vater, der für ihn sorgt, aufgehoben weiß. In der Bergpredigt fordert Jesus seine Jünger auf, sich nicht zu sorgen:

„Sorgt euch nicht um euer Leben und darum, dass ihr etwas zu essen habt, noch um euren Leib und darum, dass ihr etwas anzuziehen habt ... Wer von euch kann mit all seiner Sorge sein Leben auch nur um eine kleine Zeitspanne verlängern?" (Matthäus 6,25.27).

Wohl kaum ein anderer Text hat so viel Kritik hervorgerufen wie das Lehrgedicht Jesu von der Sorge. Es sei unverantwortlich, nicht für das Morgen zu sorgen. Ernst Bloch meint, der Text zeige die ökonomische Naivität des Christentums. Die messalianischen Mönche haben diesen Text als Rechtfertigung für ihre Ablehnung der Arbeit genommen. Demgegenüber haben die [frühchristlichen] Mönche in der Nachfolge des Antonios die Arbeit als wesentlichen Teil des geistlichen Lebens gesehen.

Was will Jesus mit dieser Aufforderung, uns nicht zu sorgen, uns heute sagen? Rechtfertigt er den alternativen Lebensstil, der dem Bürgertum einen übertriebenen Arbeitsbegriff und eine falsche Rechtfertigung des Besitzes vorwirft? Wie Jesu Worte eine Antwort auf die unruhestiftende Sorge sein können, die uns heute umtreibt, zeigt ein genauer Blick auf das, was dasteht.

Das griechische Wort für Sorge „merimna" meint das sorgende oder besorgende Sichkümmern um etwas, das Aussein auf etwas, die bange Erwartung von etwas, die Angst vor etwas. Oft hat es auch die Färbung von Bekümmernis, Leid über etwas. Die Griechen sprechen von den quälenden und plagenden Sorgen, denen der Mensch unterworfen ist. Seine Sorge hat immer mit der Angst zu tun. Sie ist Handeln aus Angst, „praktizierte Angst ums Dasein" (Ulrich Luz). Dieses ängstliche Sichsorgen hat Jesus in seinem Lehrgedicht im Sinn. Und er gibt mit zwei Bildern eine Antwort.

Mit dem Bild der Vögel, die nicht säen und ernten, hat er die Arbeit des Mannes im Blick. Mit dem Bild der Feldblumen, die nicht spinnen, antwortet er auf die typische Arbeit der Frauen. Beide Arbeiten sind gut. Aber der Mensch kann sich in seine Arbeit hineinsteigern. Statt im Vertrauen auf Gottes Fürsorge zu arbeiten, meint der Mensch voller Angst, alles hänge von ihm ab. Es ist letztlich die Angst, zu kurz zu kommen, nicht genügend zu haben, die ihn umtreibt. Diese Angst verfälscht seine Arbeit. Sie hindert ihn daran, Freude an seiner Arbeit zu haben, voller Lust kreativ zu sein. Arbeit wird dann nur noch zum Ausdruck von Sorge und Angst. Sie treibt den Menschen um und hält ihn in dauernder Unruhe.

Es ist verständlich, dass der Mensch sich ängstlich um sein Leben und seine Zukunft sorgt. Denn sein Dasein in dieser Welt ist gefährdet. Aber die Ungesichertheit seiner Existenz soll ihn nicht in die ängstliche Sorge treiben, sondern in das Vertrauen darauf, dass Gott selbst für ihn sorgt. Jesus mag diese Worte an seine Jünger gerichtet haben, die die Arbeit aufgegeben haben und nun als Wanderprediger ihr Vertrauen auf Gott setzen sollen. Aber schon Matthäus übersetzt diese Worte in die Situation der Gemeinde. Es sind Worte, die uns heute genauso gelten wie damals. Auch für uns gilt der Grundsatz: „Euch aber muss es zuerst um sein Reich und um seine Gerechtigkeit gehen; dann wird euch alles andere dazugegeben" (Matthäus 6,33). Es geht nicht darum, meine irdische Existenz nicht sinnvoll und verantwortungsvoll zu planen und auch eine gewisse Vorsorge und Absicherung zu schaffen.

Aber die Frage ist, worum es mir im Letzten geht. Wenn ich nur um mich und meine Angst kreise, wird mein ganzes Leben von der Sorge aufgefressen, und ich werde voller Unruhe nach immer neuen Wegen der Absicherung Ausschau halten. Der Blick auf das Reich Gottes relativiert meine Sorge. Ich kann mich noch so gegen Diebstahl versichern. Ich kann ihn damit doch nicht verhindern. Ich kann noch so viel in die Lebensversicherung einzahlen. Ich kann damit mein Leben nicht verlängern. Ich habe keine Garantie auf ein gesundes Leben und hohes Alter. Ich bin in Gottes Hand. Das Entscheidende ist, dass Gottes Reich kommt, dass Gott auch in mir herrscht. Wenn Gott in mir herrscht, dann werde ich frei von quälender Sorge, dann befreit mich Gott von den Götzen dieser Welt, an die ich mich ängstlich klammere und die nie Ruhe geben, bis ich ihnen ganz gehöre.

Ängstliches Sorgen verdunkelt den Geist. Ich werde zwar für meine Zukunft sorgen. Aber ich werde nicht vernünftig handeln. Die Angst wird mich zu unsinnigen Ausgaben und Absicherungen treiben. Jesus will uns von der ängstlichen Sorge befreien, damit wir vernünftig die Verantwortung für uns und unsere Familie wahrnehmen. Die Kunst besteht darin, für die Zukunft zu sorgen und zugleich die Sorge immer wieder loszulassen. Ich soll das tun, was in meiner Hand ist, und mich dann vertrauensvoll Gott überlassen.

Als Cellerar [wirtschaftlicher Verwalter unserer Benediktinerabtei; *d. Hrsg.*] weiß ich, dass ich eine solide Basis für die finanzielle Situation des Klosters und seiner vielen Arbeitnehmer schaffen muss. Aber wenn mich die Absicherung bis ins Gebet hinein verfolgt, dann stimmt meine Sorge nicht mehr, dann geht es mir nur mehr um mich und nicht mehr um Gott und sein Reich, dann geht es mir nur noch um meine Rechtfertigung vor den Menschen, dass ich gut vor ihnen dastehe, und nicht mehr um Gottes Gerechtigkeit, nicht mehr um das Vertrauen, dass Gott alles recht machen wird.

Herzensruhe, 55ff

Im Gespräch mit der Ruhelosigkeit

Viele beklagen sich darüber, dass sie nicht still werden, wenn sie sich einmal Zeit nehmen für sich. Sie möchten ruhig werden, aber es tauchen ständig Gedanken auf. Sie möchten beten oder meditieren, aber sie werden von einer Flut von Gedanken überschwemmt. Die Mönche raten dann, diese Gedanken genauer anzuschauen. Ich muss mich erst den Gedanken zuwenden. Sie zeigen mir meine Probleme. Wenn ich die anschaue und sie vor Gott halte, komme ich langsam zur Ruhe. Dann erst kann ich wirklich beten.

Vielleicht taucht da der Ärger über einen Mitarbeiter auf. Ich kann versuchen, den Ärger zu klären. Aber wenn er trotz aller Meditationsversuche immer noch in mir ist, ist er vielleicht ein Ansporn, wirklich in der Realität etwas zu verändern. Ich kann auf diesen Menschen zugehen und mit ihm klären, was mich an ihm stört. Oder ich kann auf mehr Distanz gehen, damit der andere mich mit seinen

Problemen nicht mehr infiziert. Vielleicht kommt in mir Traurigkeit hoch über all das, was ich nicht gelebt habe. Dann muss ich mich erst der Traurigkeit stellen, um durch sie hindurch zur Ruhe zu finden. Das kann sehr schmerzlich sein. Aber nur wenn ich durch den Schmerz hindurchgehe, werde ich zu wahrer Ruhe finden. Wenn ich meine Traurigkeit übergehe, wird sie mich immer wieder einholen oder sich in einer diffusen Unzufriedenheit und Unruhe ausdrücken.

Manche meinen, es seien völlig unwichtige Gedanken, die da in ihnen auftauchen und sie vom Beten oder von der Stille abhalten. Und sie haben den Eindruck, beim Beten komme nichts dabei heraus, es sei nutzlos. Aber dann wäre es eben wichtig, trotzdem diese oberflächlichen Gedanken wahrzunehmen. Das ist ja auch ein Teil von mir. Ich bin eben auch oberflächlich und banal. Ich hänge gerade an äußeren Dingen und könnte mich fragen, warum mir das alles so wichtig ist. Oder ich könnte mich fragen, wem ich mit meiner Oberflächlichkeit ausweiche. Vielleicht entdecke ich dann unterhalb der Oberfläche einiges, das mir nicht so angenehm ist. Vielleicht stoße ich auf mein eigentliches Problem.

Alles, was in der Stille in uns auftaucht, hat einen Sinn. Wir sollen es anschauen, ohne zu bewerten. Aber wir sollen damit ins Gespräch kommen, damit es uns sagen kann, wofür es steht. Manchmal ist die Unruhe ein Indiz dafür, dass diese Art von Meditation, die ich gerade übe, für mich gar nicht stimmt, dass ich sie mir nur übergestülpt habe. Dann zeigt mir die Unruhe, dass ich noch nicht am Ziel bin, dass ich noch anderswo weitersuchen muss, bis ich meine Form des Betens gefunden habe. Oder aber die Unruhe zeigt mir, dass da noch viele unerledigte Sachen in mir sind, die ich erst anschauen muss. Die völlig unwichtigen Gedanken, die immer wieder auftauchen, verdecken nur, was darunter an eigentlichen Problemen verborgen liegt. Vielleicht sind die oberflächlichen Gedanken nur der Deckel, den ich über meinen inneren Vulkan halte, weil ich Angst habe, diesen Vulkan anzuschauen.

Eine Frau beklagte sich immer wieder, dass ihr Beten nur Zeitverschwendung sei, weil sie an tausend nichtige Sachen denke. Sie wollte nach einem Trick suchen, um endlich konzentriert beten zu können, so beten zu können, dass es vor dem Urteil des eigenen Über-Ichs standhielt. Es dauerte lange, bis sie hinter den oberflächlichen Gedanken ihre wahren Bedürfnisse und ihr ungelebtes Leben anschauen konnte. Das hat sie am Beten gehindert. Und es war gut, dass sie es gehindert hat. Denn erst als sie die eigene Wahrheit anschaute, wurde ihr Beten echter und ihr Leben authentischer. Jetzt hat sie sich endlich von dem Korsett befreit, das sie sich auf ihrem spirituellen Weg übergestülpt hatte. Sie wollte ihre Unruhe loswerden. Aber sie musste sich erst mit ihr aussöhnen, damit sie auf einer tieferen Ebene die wahre Ruhe finden konnte. Die unruhigen Gedanken in sich gaben nicht viel her, um ihre eigentliche Problematik zu erkennen. Aber bei genauerem Hinschauen waren sie eben nur ein Schutz davor, dass die Trauer über ihr ungelebtes Leben nicht hochkommen konnte.

Manchmal sind diese banalen Gedanken, die uns immer und überall begleiten, nur Ausdruck einer tief verborgenen Verzweiflung über die Sinnlosigkeit unseres Lebens. Aber dieser Verzweiflung wollen wir uns nicht stellen. So weichen wir aus in die Oberflächlichkeit. Die Unruhe, die daraus entsteht, lässt uns aber nicht in Ruhe. Ein Mann erzählte mir, er sei fünfzehn Jahre gut ohne Gott ausgekommen. Er hätte ihn nicht vermisst. Aber was ihn verunsichert hätte, das wäre eine dauernde Unruhe gewesen. Eine Frau habe ihm gesagt: „Du landest noch in der Psychiatrie mit deiner ständigen Unruhe." Erst als er bei einem längeren Klosteraufenthalt in dieser Unruhe seine Sehnsucht nach Gott erkannt hatte, kam er zur Ruhe.

Der größte Feind der Ruhe ist der Druck, den wir uns selbst setzen. Viele möchten frontal gegen ihre Unruhe kämpfen. Aber dann werden sie sie nie los. Sie möchten meditieren und die innere Ruhe genießen. Aber wenn sie dann spüren, was da alles in ihnen auftaucht, ärgern sie sich. Sie können sich selbst nicht aushalten. Oft genug geben sie dann den Versuch wieder auf, innerlich still zu werden. Sie wollen die Unruhe loswerden. Aber es geht nicht darum, sie loszuwerden, sondern sie loszulassen. Es werden immer wieder Gedanken auftauchen. Ich schaue sie an, ich lasse sie sein. Sie dürfen sein. Es darf alles sein, was in mir ist. Indem ich es sein lasse, kann ich zurücktreten, kann ich es dort lassen, wo es ist, in meinem Kopf. Aber mein Selbst ist dann nicht davon berührt. Ich schaue es an, lasse es zu, aber dann relativiere ich es, indem ich mir sage: Jetzt kümmere ich mich nicht mehr darum. Der Gedanke darf immer wieder auftauchen. Ich nehme ihn wahr und lasse ihn sein. Dann beunruhigt er mich nicht mehr. Das ist die Ruhe, die uns vergönnt ist.

Die absolute Ruhe, die viele auf Anhieb durch eine Meditationsmethode erreichen wollen, ist eine Stufe zu hoch für uns. Sie ist uns erst im Tod verheißen. Während wir leben, sind wir immer angefochten von vielen Gedanken und Emotionen. Indem wir sie dahinziehen lassen, bleiben wir trotzdem ruhig. Unterhalb des Bewusstseins, in unserem Herzen, im eigentlichen Selbst, da hat die Unruhe keinen Zutritt. Sie ist nur im Kopf und in unseren Emotionen.

Herzensruhe, 118ff

Das unruhige Herz

Der Mensch, der seine Sehnsucht verdrängt, ersetzt sie durch die Sucht. Die Sucht ist immer Ausdruck einer unterdrückten und nicht eingestandenen Sehnsucht. Die Sucht treibt den Menschen zu immer neuer Bedürfnisbefriedigung. Er muss ständig Alkohol trinken oder eine Droge nehmen. Der Arbeitssüchtige hat nie genug. Immer muss er noch mehr arbeiten. Er wird von seiner Sucht getrieben. Die Unruhe, die heute viele erfasst hat, ist oft Ausdruck der Sucht, die sie bestimmt. Die Sucht macht den Menschen unersättlich. Letztlich ist die Sucht ein Festhalten an der nährenden Mutter. Man möchte ständig die Mutter bei sich haben, die einem alles gibt, was man braucht. Aber die Ruhe, die das Kind bei der Mutter gefunden hat, findet der Süchtige bei seinem Muttterersatz nicht. Im Gegenteil, er wird nur noch hin und her getrieben. Er ärgert sich, dass er noch abhängig ist von seiner Mutter, und kommt doch nicht los. Er verurteilt sich, dass er trinkt, und trinkt doch immer wieder. So wird die Sucht zu einem Teufelskreis, der den Menschen sich immer schneller drehen lässt, bis er am Ende ist und am Boden liegen bleibt. Die Frage ist, wie wir aus diesem Teufelskreis ausbrechen können.

Für AUGUSTINUS besteht der Weg zur Ruhe darin, dass wir wieder mit unserer Sehnsucht in Berührung kommen, dass wir unsere Süchte wieder in Sehnsucht verwandeln. In der Sehnsucht erfahren wir, dass in uns ein weltjenseitiger Kern liegt, etwas, das diese Welt übersteigt. Wenn wir mit unserer Sehnsucht in Kontakt sind, dann können wir auf einmal einverstanden sein mit unserem Leben, so wie es ist. Dann können wir uns verabschieden von den Illusionen, die wir uns vom Leben gemacht haben und die uns in die Unzufriedenheit getrieben haben. Unser Leben muss gar nicht perfekt sein. Es muss nicht alle unsere Wünsche erfüllen. Es bleibt ja noch ein Rest, den allein Gott erfüllen wird. Wenn ich die Sehnsucht nach Gott in mir spüre als den eigentlichen Stachel, der mich lebendig hält, dann relativiert sich hier alles. Ob ich jetzt Erfolg habe oder nicht, spielt nicht mehr die entscheidende Rolle. Ob ich mit meinem Beruf zufrieden bin oder nicht, ist nicht mehr so wichtig. Ich kann auf alles gelassen herabsehen. Denn in der Sehnsucht habe ich einen Punkt in mir, der das Alltägliche übersteigt. Und dieser Punkt ist der Ruhepunkt in allen Turbulenzen meines Lebens. Er befreit mich von der Unruhe, die mich hier schon die Erfüllung meiner Wünsche suchen lässt. Wenn ich weiß, dass allein Gott meine tiefste Sehnsucht erfüllt, dann kann ich ruhig und gelassen Ja sagen zu dem Leben, wie es halt ist, mit allen Höhen und Tiefen, mit seinen Begrenzungen und Behinderungen.

Herzensruhe, 108f

Wege zur Herzensruhe

Den sicheren Anker der Seele im inneren Raum der Stille suchen die frühen Mönche in einer Zeit, in der das Christentum lau wird, in der sich Staat und Kirche verbinden und die Quellen der Spiritualität einzutrocknen beginnen. Ähnlich wie der Hebräerbrief lau gewordenen Christen eine neue Theologie verkündet, um sie zu stärken, wollen die Mönche in der Wüste auf neue Weise aus den Quellen der Heiligen Schrift trinken und durch ihre Spiritualität die oberflächlich werdende Kirche beleben. Die Mönche möchten das biblische Gebot „Betet ohne Unterlass“ (1 Thessalonicher 5,17) erfüllen.

Sie entwickeln Methoden des inneren Gebetes, um unablässig beten zu können. Das innere Gebet besteht darin, dass sie den Anker ihrer Seele im innersten Raum der Seele, im „Allerheiligsten" des Hebräerbriefes, festmachen. Sie sind überzeugt, dass in uns ein Raum der Stille ist, zu dem allein Christus Zutritt hat, in dem allein Gott wohnt. Dort in diesem inneren Raum des Schweigens, in dieser Kammer unseres Herzens, erklingt unaufhörlich das Gebet, zu dem uns Jesus aufruft (vgl. Matthäus 6,6). Die Voraussetzung für dieses unablässige Gebet ist die Herzensruhe. Daher zielen alle spirituellen Methoden der Mönche darauf ab, die Herzensruhe zu erlangen, mit dem inneren Ort der Stille in Berührung zu kommen, um dort ohne Unterlass mit Gott verbunden zu sein.

Bilder für die Herzensruhe

Die Mönche übernehmen auf ihrem Weg zur Herzensruhe Methoden und Einsichten, wie sie schon in den griechischen Philosophenschulen grundgelegt waren und praktiziert wurden. Für die Griechen war es die wichtigste Frage im menschlichen Leben, wie wir zum wahren Glück gelangen. Und die Philosophie sieht das Glück nicht in äußeren Gütern, sondern „in einem Zustand gleichmäßiger, unerschütterlicher Ruhe" (RAC I 844). Der Weg zu dieser inneren Ruhe, zum Seelenfrieden, geht über den rechten Umgang mit den Affekten, die die Seele aufwühlen. Der Mensch soll zu einem Zustand gelangen, in dem er von den Affekten nicht mehr hin und her geworfen wird, in dem er sie vielmehr in seine Sehnsucht nach Gott integriert. Die Kirchenväter haben das Streben vor allem der stoischen Philosophie nach „Apatheia" (Leidenschaftslosigkeit) und „Ataraxia" (unerschütterliche Ruhe) aufgegriffen und in ihre Lehre von der christlichen Gnosis eingebaut. So ist für Clemens von Alexandrien das Ideal des Seelenfriedens nur erreichbar durch die mystische Vereinigung mit Gott. Sie kann der Christ aber nicht aus eigener Kraft erlangen, sondern nur mit Gottes Hilfe.

Evagrius Ponticus steht in der Tradition der beiden großen griechischen Theologen Clemens und Origenes, die die christliche Theologie und Spiritualität mit der Weisheit der griechischen Philosophie verbunden haben. Für Evagrius ist das Ziel des Mönches die Kontemplation, das Ruhen in Gott. Die Voraussetzung für die Kontemplation aber ist die Apatheia. Alle Methoden der monastischen Askese zielen auf die Erlangung der Apatheia. Die Apatheia ist für Evagrius kein Ausrotten der Leidenschaften (pathe), sondern ein Zustand inneren Friedens, den die Affekte nicht mehr stören. In der Apatheia ist der Mönch frei geworden vom pathologischen Verhaftetsein an die Leidenschaften (die „Logismoi"). Die Leidenschaften wühlen ihn nicht mehr auf, sondern sie dienen seinem Streben nach Gott. Der Mönch kann die Kraft, die in den Leidenschaften steckt, für seine Sehnsucht nach Gott nützen. Nur so kann eine lebendige Spiritualität entstehen, in der der Mensch mit all seinen Kräften, auch mit seinen Affekten und Leidenschaften, sich in Gott verankern kann und so zum unablässigen Gebet und zur Herzensruhe findet.

Johannes Cassian, der die Mönchsväter in der Wüste besucht hat und in seinen „24 Unterredungen (Collationes)" die Lehren des östlichen Mönchtums für den Westen neu gefasst hat, spricht nicht von Apatheia, sondern von der „puritas cordis", von der Reinheit des Herzens. Es ist ein Zustand, in dem der Mönch seine spirituelle Sehnsucht nicht mehr mit seinen Projektionen verunreinigt, in dem er für Gott durchlässig wird und frei von Gottesbildern, mit denen er das Bild des wahren Gottes verfälscht. Reinheit des Herzens ist ein Zustand, in dem der Mönch ganz und gar durchlässig geworden ist für Gott, in dem er von Gottes Geist bestimmt wird. Reinheit des Herzens ist für Cassian letztlich identisch mit Liebe, mit einer reinen und unverfälschten Liebe. In der Reinheit des Herzens kommt der Mönch zur wahren Ruhe in Gott. CASSIAN spricht hier von der „tranquillitas animi“, von der Seelenruhe, oder von der „imperturbatio“ (frei sein von Aufregung und innerem Chaos).

Wenn EVAGRIUS und CASSIAN den Mönchsweg als Weg zur inneren Ruhe aufzeigen, antworten sie damit auf ein Urbedürfnis des Menschen, nicht nur der ersten christlichen Jahrhunderte, sondern auch der heutigen Zeit. Es war die Grundfrage, die die griechische Philosophie seit PLATO bewegt hat und die sie für das Abendland wegweisend diskutiert und beantwortet hat. Die Sehnsucht nach der Herzensruhe bewegt nicht nur die Mönche in der ägyptischen Wüste, sondern gerade auch uns in unserer hektischen und stressgeplagten Zeit. Wie können wir mitten im Trubel unserer Zeit die innere Ruhe finden? Für die Mönche ist die Frage nach der Herzensruhe identisch mit der Frage, wie man wahrhaft Mönch sein kann. Wir könnten auch sagen: Es ist die Grundfrage, wie menschliches Leben gelingen kann. In einem Väterspruch heißt es:

Der Altvater POIMEN bat den Altvater JOSEPH: „Sage mir, wie ich Mönch werde. Er antwortete: Wenn du Ruhe finden willst, hier und dort, dann sprich bei jeder Handlung: Ich – wer bin ich? und richte niemand!“ (Apophthegmata 385).

Mönchsein wird hier identisch gesehen mit „Ruhe finden“. Es werden zwei eigenartige Wege zu dieser inneren Ruhe gewiesen. Der *erste Weg* geht über die immer neue Frage nach der eigenen Identität. Wer sich bei allem fragt „Ich – wer bin ich?“, von dem fallen alle falschen Selbstbilder ab. Er hört auf, sich selbst in den Mittelpunkt zu stellen. Das Ego wird hier als Quelle aller Unruhe gesehen. Das Ego redet ununterbrochen. Es fragt sich, ob es auch gut ankommt, ob die Menschen es auch beachten, ob es alles richtig macht usw.

Ich kenne viele Menschen, die nie zur Ruhe kommen, weil sie immer um ihr Ego kreisen, weil sie sich immer fragen, ob sie in ihrem Ego auch nicht zu kurz kommen. Die Frage, wer ich bin, führt mich mehr und mehr zu meinem eigentlichen Selbst, zu dem Punkt, an dem ich wirklich „Ich" sagen kann. Dieses Ich ist letztlich ein Geheimnis. Ich rühre da an das unverfälschte Bild, das Gott sich von mir gemacht hat. Die Frage nach dem wahren Selbst führt mich in den inneren Bereich meines Herzens, zu dem die Menschen keinen Zutritt haben. Dort kann ich wahre Ruhe finden.

Der *zweite Weg*, den Poimen hier weist, ist der Verzicht auf das Urteilen über andere. Wir erleben uns ja häufig als Menschen, die ständig über andere urteilen. Auch wenn wir nicht laut sprechen, so redet unser Herz unaufhörlich über andere. Dieses Urteilen hält uns davon ab, bei uns zu bleiben. Wir sind immer bei den andern. Wir sind immer darauf aus, bei ihnen Fehler zu entdecken, um unserer eigenen Wahrheit auszuweichen. Aber so kommen wir nie zu uns und nie zur inneren Ruhe. Der Mönch, der sich bei allem nach seinem wahren Selbst fragt, der aus seiner Personmitte heraus lebt und der auf das Urteilen über andere verzichtet, kommt zur Herzensruhe, die für Poimen das Wesen des Mönchseins ausmacht.

Herzensruhe, 78ff

Das Wort mit dem Atem verbinden

Der klassische Weg zur Ruhe ist der der Meditation. Die christliche Meditation, die seit dem 3. Jahrhundert geübt wird, verbindet den Atemrhythmus mit einem Wort. Schon das Achten auf den Atem lenkt das Bewusstsein nach innen und erzeugt Ruhe. Solange wir im Kopf bleiben, sind wir immer unruhig. Denn der Kopf lässt sich nicht so leicht beruhigen. Da schwirren die Gedanken immer hin und her.

Im Ausatmen können wir uns vorstellen, wie wir all die Gedanken, die immer wieder hochkommen, einfach abfließen lassen. Wenn wir das eine Zeitlang tun, werden wir innerlich ruhig. Dann können wir den Atem mit einem Wort verbinden. Wir können z. B. beim Einatmen still sagen: „Siehe" – und beim Ausatmen: „Ich bin bei dir". Es ist ein Wort, das Gott uns beim Propheten Jesaja zusagt. Ich muss mich bei dieser Meditation gar nicht konzentrieren. Ich spreche das Wort in all die Gedanken und Gefühle hinein, die auftauchen. Es darf alles hochkommen. Aber ich grüble nicht nach über die Gedanken, sondern ich halte in sie den Atem und das Wort hinein. Dann wandeln sich die Gedanken und Gefühle. Sie sind nicht mehr so bedrängend. Auch wenn sie immer wieder hochkommen, fühle ich mich mitten in der Gedankenflut ruhig. Ich habe einen Anker – das Wort mit dem Atem verbunden –, der das Schiff meines Herzens inmitten der tosenden Gedankenwellen festhält.

Der andere Weg besteht darin, dass ich die Gedanken gar nicht beachte, sondern dass ich meinen Geist durch das Wort binde und sammle. Und ich lasse meinen Geist an der Leiter des Wortes hinabsinken in den inneren Raum der Stille. Ich lege in das Wort und in den Ausatem meine ganze Sehnsucht nach der „Sabbatruhe Gottes", nach dem inneren Ort der Ruhe. Dann kann es sein, dass mich Wort und Atem für einen Augenblick dorthin tragen, wo es in mir ganz still ist, wo aller Lärm verstummt und das unruhige Herumdenken zur Ruhe kommt.

Die Mystiker sind davon überzeugt, dass in uns ein Raum des Schweigens ist, in dem Gott wohnt. Dorthin haben die Gedanken und Gefühle, die Pläne und Überlegungen, die Leidenschaften und die Verletzungen keinen Zutritt. Dort haben auch die Menschen mit ihren Erwartungen und Ansprüchen keinen Zutritt. Es ist ein Raum der Stille. Ich muss ihn gar nicht schaffen. Er ist schon in mir. Aber ich bin oft genug davon abgeschnitten. Die Meditation will mich wieder in Berührung bringen mit diesem inneren Ort. Der Kopf ist vielleicht noch weiter unruhig. Da jagen sich die Gedanken weiter hin und her. Aber tief unten ist es still. Da kann ich mich fallen lassen.

Ken Wilber vergleicht die Meditation mit dem Eintauchen in das Meer. Oben ist das Meer unruhig. Da gehen die Wellen und Wogen hin und her. Aber je tiefer wir nach unten tauchen, desto ruhiger wird es. Meditation ist das Eintauchen in die innere Ruhe, die auf dem Grund unseres Herzens in uns verborgen ist. Die Redewendung „zur Ruhe kommen“ meint ja, dass die Ruhe schon da ist, dass wir sie nicht erst herstellen müssen. Sie ist in uns als ein Raum, zu dem wir hinkommen dürfen. Die Meditation ist der Weg, auf dem wir zum inneren Ort der Ruhe kommen.

Meditation heißt nicht, dass wir immer ganz still sein müssen. Wir dürfen uns da nicht unter Leistungsdruck setzen. Meditation hat nichts mit Konzentration zu tun. Die Gedanken werden weiter auftauchen. Wir können sie nicht abstellen. Aber wenn wir sie nicht beachten, wenn wir durch Wort und Atem immer tiefer in den eigenen Seelengrund gelangen, dann kann es sein, dass es für einen Augenblick ganz still ist in uns. Ich spüre dann: Jetzt berühre ich das Eigentliche. Jetzt bin ich ganz da, ganz bei mir, ganz bei Gott. Jetzt ist in mir der Raum der Stille, den niemand von außen betreten kann, in dem mich niemand erreichen, niemand beunruhigen kann. Dort finde ich wirklich zur Ruhe. Aber ich darf mich nicht ärgern, wenn ich im nächsten Augenblick schon wieder abschweife und irgendwelche Probleme auftauchen. Ich weiß, dass da tief in mir ein Raum ist, wo das alles nicht hindringen kann, in dem ich einfach bin. Es ist der Raum, in dem Gott selbst in mir wohnt. Gott befreit mich von der inneren und äußeren Unruhe. Er befreit mich von den Meinungen, die andere über mich haben, von ihren Erwartungen und Urteilen, von ihrer Eifersucht, von ihren Verletzungen. Allein die paar Augenblicke, in denen ich diesen inneren Raum in mir spüre, genügen, um mir auch für den Rest des Tages das Gefühl zu vermitteln, dass da trotz aller äußeren Hektik etwas Unberührbares in mir ist, ein Raum der Ruhe, der von den äußeren Anforderungen und Konflikten nicht angetastet wird.

Herzensruhe, 112ff

Meine Träume verstehen

Die *erste Regel* ist, die Träume aufzuschreiben. Man sollte sich ein Traumtagebuch anlegen. Eine Zeit lang kann man es sich zur Übung machen, täglich seine Träume aufzuschreiben. Dann kann man es dem eigenen Gespür überlassen, nur die Träume zu notieren, die einen wirklich berühren [...] Wenn wir einen Traum nicht innerhalb von fünf Minuten nach dem Erwachen aufschreiben, vergessen wir ihn normalerweise. Und vergessene Träume lassen sich nicht interpretieren. Wenn wir etwas über Träume lesen, erinnern wir uns gewöhnlich leichter daran. Die theoretische Beschäftigung macht uns schon sensibler dafür. Eine Hilfe kann auch sein, abends Gott darum zu bitten, dass er uns gute Träume schicke und dass wir auch beachten mögen, was er uns sagt.

Das Abendgebet hatte von jeher die Bedeutung, dass wir uns im Schlaf in Gottes Hände ergeben, damit er an uns wirke. Vom Abendgebet erwartet man sich gute Träume.

So betet der kirchliche Komplet-Hymnus, dass Gott uns vor Alpträumen bewahren möge. Ohne Gebet einzuschlafen und seinen Ärger mit in den Schlaf zu nehmen, das bewirkt nach der Meinung der Mönche Alpträume. Das Abendgebet ist daher ein Stück Seelenhygiene, die Bereitung unserer Seele für die Träume, die Gott uns schicken möge.

Eine *zweite Regel* für den Umgang mit Träumen ist, dass wir die Träume ernst nehmen und mit ihnen ein Gespräch anfangen. Zunächst sollen wir uns in die Bilder hineinspüren. Was sagen uns die Bilder, was verbinden wir mit ihnen? Dann sollen wir assoziieren: Was fällt uns dazu ein? An welche Zeiten, welche Begebenheiten erinnert uns die Landschaft, die Zahl, der Mensch, das Wort, die Farbe? Manchmal sind die Traumbilder nicht archetypische Bilder, sondern einfach Erinnerungszeichen an vergangene Erlebnisse. Das Gespräch mit dem Traum kann uns helfen, den Traum für uns zu entschlüsseln. Dabei gibt es keine absolute und eindeutige, für alle gültige Traumdeutung. Jeder muss selbst in sich hineinhorchen und erforschen, was der Traum ihm sagt.

Dieses Sprechen und Hineinhorchen kann auch zum Gebet werden. Ich spreche dann mit Gott über meine Träume. Gott möge mir sagen, was er bedeutet, worauf der Traum mich aufmerksam machen möchte. Das Gespräch mit Gott über meine Träume zeigt, dass ich nicht mit unverbindlicher Neugier an den Traum herangehe, sondern im Gehorsam Gott gegenüber. Ich bin bereit, mich auf Gott einzulassen, auf sein Wort zu hören, mich von ihm in Frage stellen, mich von ihm mahnen und warnen zu lassen. Und ich bin bereit, mir von Gott aufdecken zu lassen, was unter der Oberfläche eines erfolgreichen Lebens rumort und gärt und was gar nicht so ansehnlich bei mir ist. Und zugleich verpflichte ich mich im Gebet, gehorsam das zu tun, was Gott von mir verlangt, und gehorsam auf das zu reagieren, was er mir im Traum aufgedeckt hat. Gottes Willen für mich kann ich nur im Gespräch mit Gott erkennen. Aber das Gespräch sollte eben nicht nur die bewussten Erfahrungen bedenken, sondern auch die Träume, die das Unbewusste bloßlegen und mich oft in den eigenen Grund führen, in dem ich Gott berühre.

Eine *dritte Regel* für den Umgang mit Träumen ist, dass wir den Traum weiter meditieren oder dass wir ihn ausspielen. Weiter meditieren heißt, sich in das Bild nochmals hineinbegeben, auf seine Gefühle dabei achten und dann die Situation weiter ausphantasieren. Jung nennt diese Methode die Imagination. Wir malen uns das Traumbild weiter aus und führen es bewusst in eine gute Richtung. Einen Verfolgungstraum weiter meditieren heißt z. B., sich in die Situation hineinzuversetzen und dann zu versuchen, sich in der Vorstellung umzudrehen, den Verfolger anzuschauen und ihn liebevoll zu grüßen. Oder den Traum vom barocken Raum in meinem Haus kann ich weitermeditieren, indem ich den Raum von allen Seiten anschaue, mich hineinfühle und die Schönheit und Weite genieße. Dann kann die frohe Botschaft, die Gott mir in so einem Traum gibt, auch meinen bewussten Geist erfassen und ihn durchdringen. Manch einer mag denken, was das denn nutzen sollte. Das verändert doch nicht mein Leben. Der Traum gibt mir keine konkrete Handlungsanweisung, er sagt mir nicht, welchen Vorsatz ich fassen sollte. Aber indem ich mich in ihn hineinmeditiere, kann sich seine heilende Wirkung in mir ausbreiten. Und ich komme durch die Meditation in Berührung mit meiner Wahrheit, mit vielen Seiten meines Wesens, die ich sonst nicht sehen würde. Und gerade die Meditation der Traumbilder lässt mich die Wahrheit meines Lebens eher erkennen als eine gelehrte Analyse.

Statt weiter zu meditieren, können wir den Traum auch ausspielen. Wir können die Rolle einer Traumfigur übernehmen und mit ihr ins Gespräch kommen. Was willst du mir sagen? Warum verhältst du dich so? Oder wir können die Rolle selbstständig weiterspielen. Diese Methode ist vor allem von FRITZ PERLS in seiner Gestalttherapie entwickelt worden; „denn im Traum sah er die Möglichkeit, die verschütteten Teile einer Persönlichkeit aufzudecken, sodass sie wieder zu einer Ganzheit wird" (A. FARADAY, Die positive Kraft der Träume. München ²1984, 116f). FARADAY beschreibt die Methode PERLS so:

„PERLS betrachtete jedes Traumbild, ob es nun menschliche, tierische, pflanzliche oder mineralische Gestalt hat, als einen entfremdeten Teil des Ich, den wir auf das betreffende Bild projiziert haben. Der Träumer soll deshalb jedes Bild, das heißt jede Person und jeden Gegenstand seines Traums, der Reihe nach schauspielerisch darstellen, um die Traumereignisse aus der Sicht der einzelnen ‚Akteure' wieder zu erleben. Anschließend werden Begegnungen zwischen den Traumakteuren inszeniert, und wenn sich diese gegenseitig attackieren, wird dem Träumer klar, dass er eine wichtige Spur gefunden hat. Sollte sich sein Hirn dieser Prozedur verschließen oder schläfrig werden, so weiß er, dass dies ein Ausweichmanöver ist. Es braucht jedoch jemanden, der auf solche Dinge aufmerksam machen kann; deshalb ist es gut, die Traumarbeit in einer Gruppe durchzuführen. Das Ziel ist, die Fragmente der Persönlichkeit miteinander in Einklang zu bringen, sodass sie unser inneres Wachstum fördern, statt es zu behindern. Der beste Weg, einen Traum zu nutzen, ist laut PERLS, ihn zum Leben zu erwecken und nachzuerleben, statt ihn für die Interpretation in Stücke zu schneiden."

Natürlich können wir diese Methode nicht einfach übernehmen, wenn wir uns allein mit unsern Träumen beschäftigen. Aber wir können zumindest einzelne Elemente weiterführen. Ein Element ist, dass wir den Traum in der Gegenwartsform erzählen. Und wir können dann Personen oder auch Dinge des Traumes sprechen lassen, etwa unser Auto oder unser Haus. Was willst du damit, dass du stehen bleibst? In so einem inneren Gespräch kommen wir an viele verdrängte und abgespaltene Elemente unserer Persönlichkeit, die alle integriert werden wollen, damit wir ganz werden und lebendig, damit wir das Leben in Fülle haben, das Jesus uns schenken will. Wir behindern dieses Leben in Fülle, wenn wir Christus nur unsere fromme Seelenspitze hinhalten. Wir sollen alles, was in uns auftaucht, in sein Licht halten, dass er es verwandeln und zum Leben wecken kann.

Die *vierte Regel* meint, dass wir unsere Träume mit einem anderen besprechen, dass wir sie also bewusst beim Beicht- oder Seelsorgegespräch dem geistlichen Begleiter vorlegen. Gerade in intensiven geistlichen Prozessen, wie sie in Einzelexerzitien ablaufen, ist es ratsam, auch seine Träume mit einzubringen. Oft erlebe ich, wie dem andern beim Erzählen selbst schon die Bedeutung seines Traumes aufgeht. Ich brauche dann nur ein paar Anstöße zu geben, und er kann seinen Traum selber besser verstehen. Im Gespräch ergänzen sich der Traumerzähler und Zuhörer, und miteinander kommen sie auf Ideen, die jedem allein verschlossen geblieben wären. Der Zuhörer wirkt wie ein Spiegel, in dem sich der Erzähler selbst objektiver erkennen kann als durch Selbstbetrachtung.

Oft fällt mir als Zuhörer gar nichts zu dem erzählten Traum ein. Ich verstehe die Symbole nicht. Dann frage ich, was dem anderen dazu einfällt. Oder ich lasse mir Teile noch genauer erklären. Im Miteinander-Anschauen und Assoziieren kommen wir dann meistens zu einer Einsicht, die für beide neu ist, aber doch unmittelbar einleuchtet. Es ist wie ein Aha-Erlebnis. Auf einmal lässt sich die Botschaft des Traumes entziffern. Und wir stehen dann beide unter dem Wort Gottes, das im gedeuteten Traum verstehbar wird.

In der geistlichen Begleitung, vor allem in Einzelexerzitien, frage ich öfter nach Träumen, nach typischen, immer wiederkehrenden Träumen oder nach Träumen, die einen in letzter Zeit angerührt haben. Bei Einzelexerzitien stellen sich oft Träume ein, die das Thema für diese stillen Tage angeben und auch schon Antworten und Wege andeuten.

So träumte eine Schwester zu Beginn der Einzelexerzitien, dass sie bei ihrer Ärztin war. Die Ärztin untersuchte sie und stellte fest, dass sie überall gesund sei, nur mit dem Herzen sei etwas nicht in Ordnung. Der Traum war für sie sofort klar. Mit ihrer Beziehung zu Christus stimme etwas nicht. So war es ihre Aufgabe, in den Exerzitien wieder in eine persönliche Beziehung zu Christus zu kommen. Beim ersten Gespräch hatte sie ihre geistliche Situation geschildert und ihre Wünsche geäußert, was in den Exerzitien bei ihr in Bewegung kommen solle. Doch der Traum gab in dem Bild „herzkrank" viel deutlicher an, was ihr eigentlich fehle und woran sie zu arbeiten habe. Bilder treffen das Wesen unseres Zustandes oft besser, als unsere mühsamen Versuche, unsere Situation zu analysieren.

So habe ich öfter die Erfahrung gemacht, dass bei Einzelexerzitien manchem der Traum seine Aufgabe stellt. Manchen begleiten die Träume auch während der stillen Tage und helfen bei der Lösung wichtiger Fragen. Wenn eine Entscheidung ansteht, dann ist es sicher sinnvoll, im Licht biblischer Texte und im Durchleuchten der verschiedenen Motive nach dem Willen Gottes zu fragen. Aber viele Entscheidungen lassen sich nicht rational und auch nicht durch Gebet allein erkennen. Da ist der Traum oft hilfreich. Allerdings gibt der Traum auch nicht eindeutig die Lösung an. Im Anschauen und Deuten des Traumes und im Betrachten vor Gott muss nach der Lösung gesucht werden.

Bei einem jungen Mann, der vor der Frage stand, die Beziehung zu seiner Freundin entweder abzubrechen oder sich endgültig an sie zu binden, gaben die Träume eine eindeutigere Antwort als alles Abwägen und Durchdenken der verschiedenen Alternativen. Die Unterscheidung der Geister, die für die geistliche Begleitung so wichtig ist, darf und soll sich auch der Träume bedienen, um zu erforschen, was der Wille Gottes für diesen Menschen ist. Aber es ist eben auch notwendig, die Träume nicht als letzte Instanz zu sehen, sondern sie mit der Unterscheidung der Geister zu prüfen und zu beurteilen.

Die Träume sind nicht die höchste Norm. Sie müssen immer konfrontiert werden mit dem Wort der Schrift und mit der Realität des Alltags. Denn sonst besteht die Gefahr, dass sich einer seine eigene Traumwelt aufbaut und sich in sie zurückzieht. Er lässt sich dann von niemandem mehr in Frage stellen. Deshalb gebe ich immer einen Bibeltext zur Meditation und nicht den Traum. Der Traum kann eine Ergänzung sein oder der Horizont, in dem ich mich auf den biblischen Text einlasse. Wenn sich einer dem biblischen Text nicht stellen kann, ist das ein Zeichen, dass er in der Betrachtung seiner Träume nur um sich selber kreist und bei sich stehen bleibt. Dann kann er auch Gottes Botschaft in den Träumen nicht mehr erkennen. Er macht sich dann nur interessant mit seinen Träumen, aber er hört nicht wirklich auf sie. Er benutzt seine Träume, um niemand an sich heranzulassen, weder den geistlichen Begleiter noch Gott.

Wenn ich mich auf die Träume einlasse, dann konfrontiere ich sie nicht nur mit dem Wort der Schrift, sondern auch mit dem realen Leben. Der Traum nützt nichts, wenn er nicht in die Wirklichkeit gestellt und dort ausgelebt wird. Für BENEDIKT [den Gründer des Benediktinerordens, 6. Jh.; *d. Hrsg.*] ist die Arbeit ein Test, ob das Gebet stimmt. Genauso ist die Wirklichkeit des Alltags ein Test, ob der Umgang mit den Träumen echt und gut ist. Es gibt eine Flucht in die Frömmigkeit, aber auch eine Flucht in die Träume. Die Realitätskontrolle ist daher entscheidend. Der Traum soll die Wirklichkeit gestalten und mit Leben erfüllen. Man darf sich aber nicht vor der Wirklichkeit in die Traumwelt zurückziehen. Aus dem Traum müssen Konsequenzen gezogen werden. Und diese Konsequenzen müssen auch für den geistlichen Begleiter einsichtig und nachvollziehbar sein. Es gibt eine Art, über seine Träume zu sprechen und mit ihnen umzugehen, bei der in mir ein ungutes Gefühl aufsteigt. Irgendwie spüre ich, dass das nicht stimmt und dass es dem andern auch nichts nützt, in seiner Traumwelt zu leben. Dann gehe ich nicht näher auf die Träume ein, sondern konfrontiere ihn mit der Bibel und mit Aufgaben des Nachdenkens und Meditierens und mit konkreter Gestaltung seines Alltags.

Aber umgekehrt erlebe ich auch, wie sich manche hinter Bibelstellen verstecken. Sie meditieren sie zwar brav und können eine Menge guter Gedanken darüber berichten. Aber ich habe dann das Gefühl, das stimmt nicht, er benutzt die Worte der Bibel als Schild, um sich gegen unliebsame Fragen abzuschirmen. Er verschanzt sich hinter den Worten. Dann frage ich gezielt nach Träumen. Denn in den Träumen kann er sich nicht mehr hinter gut überlegten unverbindlichen Gedanken verstecken. Da offenbart er sich, auch wenn er es nicht möchte. Da tut sich ein Spalt auf, durch den ich dann auf sein Herz schauen kann. Und erst wenn ich mit seinem Herzen in Berührung komme, ist eine fruchtbare geistliche Begleitung möglich. Es geht dann wirklich um ihn, um seine Person, um seine Wunden und seine Sehnsüchte und nicht mehr um fromme und erbauliche Gedanken, über die wir uns eine ganze Woche lang unverbindlich austauschen könnten.

Es bedarf der Unterscheidung der Geister, um zu beurteilen, ob es angebracht ist, nach den Träumen zu fragen und auf sie einzugehen, oder ob es genügt, den geistlichen Weg des Exerzitanten zu begleiten, indem man ihn Bibeltexte meditieren und darin nach Gottes Willen suchen lässt. Wenn einer sich an keinen Traum erinnert, dann bohre ich auch nicht weiter. Für manche ist der Traum nicht das geeignete Medium. Es genügt ihnen, Bibelstellen zu meditieren und darin Gott zu begegnen und sich selbst wieder zu finden. Bei manchen geht es nicht darum, Gottes konkreten Willen zu erkennen, sondern auf dem mystischen Weg immer mehr mit Gott eins zu werden, immer freier von sich selbst zu werden, um in Gott zur Ruhe zu kommen. Auf diesem kontemplativen Weg gibt es Etappen, da die Träume schweigen. Und es gibt Wegstrecken, da sie sich wieder melden und wichtige Botschaften vermitteln. Es geht immer um Gott, nicht um die Methoden, ihn zu suchen und zu finden. Wir sollen auf unserem geistlichen Weg frei werden von uns selbst, durchlässig für Gottes Geist, für Gottes Güte und Menschenfreundlichkeit, Ort der Gegenwart Gottes in dieser Welt, von Gott in Dienst genommen und zugleich Tempel Gottes, der unsere innerste Mitte ist. Welche Methoden uns auf diesem Weg helfen, ist zweitrangig. Die Erfahrung zeigt, dass die Träume über lange Wegstrecken hinweg ein hilfreicher Begleiter und Wegweiser sein können.

Träume, 54ff

2

Wir gehen immer nach Hause

Bei meinem Namen gerufen – von wem?

Um Gott begegnen zu können, muss ich erst einmal mir selbst begegnen. Ich muss erst einmal bei mir sein. Und das bin ich im Normalfall nicht. Denn wenn ich mich beobachte, so entdecke ich, dass meine Gedanken hin- und herwandern, dass ich irgendwo mit meinen Gedanken bin, nur nicht bei mir. Ich habe keinen Kontakt zu mir, die Gedanken reißen mich aus mir heraus und führen mich woanders hin. Nicht ich denke, sondern es denkt in mir, die Gedanken verselbstständigen sich, sie überdecken mein eigentliches Ich. Der erste Akt des Gebetes ist, dass ich erst einmal mit mir selbst in Berührung komme. Das haben uns die Kirchenväter und frühen Mönche immer wieder gelehrt. So sagt [der frühchristliche Theologe; *d. Hrsg.*] Cyprian von Karthago: „Wie kannst du von Gott verlangen, dass er dich hört, wenn du dich selbst nicht hörst? Du willst, dass Gott an dich denkt, und du selber denkst nicht an dich." [...]

Du selbst bist ja gar nicht bei dir, wie willst du, dass Gott bei dir ist? Wenn ich nicht bei mir zu Hause bin, kann Gott mich auch nicht antreffen, wenn er zu mir kommen möchte. Auf mich hören heißt einmal, auf mein wahres Wesen hören, mit mir in Berührung kommen, es heißt aber auch, auf meine Gefühle und Bedürfnisse hören, auf das hören, was sich in mir regt [...]

Gebet ist keine fromme Flucht vor mir selbst, sondern zuerst einmal ehrliche und schonungslose Selbstbegegnung.

So sagt EVAGRIUS PONTICUS: „Willst du Gott erkennen, so lerne dich vorher selber kennen.“ Das ist keine Verpsychologisierung des Glaubens, sondern notwendige Voraussetzung des Betens. Wenn ich sofort in fromme Worte oder Gefühle fliehe, so führt mich das Gebet nicht zu Gott, sondern nur in die weiten Räume meiner Phantasie. Ich muss erst ehrlich in mich selbst hineinhorchen. In der Begegnung mit Gott muss ich mir selbst begegnen. Dabei können wir nicht sagen, was zuerst kommt, die Selbstbegegnung als Voraussetzung für die Gottesbegegnung oder die Gottesbegegnung als Voraussetzung für die Selbstbegegnung. Beides bedingt sich gegenseitig und vertieft sich einander.

Die Frage ist, wie ich zu dem Punkt vorstoßen kann, an dem ich wirklich „ich“ sagen kann. *Ein* Weg besteht darin, einfach immer wieder zu fragen: Wer bin ich? Dann werden mir spontan Antworten oder Bilder kommen. Und zu jeder dieser Antworten sage ich dann: Nein, das bin ich nicht, das ist nur ein Teil von mir. Ich bin nicht der, für den mich meine Freunde halten, ich bin nicht der, für den ich mich selbst halte. Ich bin nicht identisch mit der Rolle, die ich bei Bekannten spiele, und nicht mit der Maske, die ich mir bei Fremden überstülpe. Ich kann beobachten, dass ich mich anders in der Kirche gebe als in der Arbeit, anders daheim als in der Öffentlichkeit. Wer bin ich wirklich? Ich bin auch nicht identisch mit meinen Gefühlen und Gedanken. Die Gedanken und Gefühle sind in mir, aber das Ich geht nicht in ihnen auf, es ist jenseits allen Denkens und Fühlens zu suchen. Wir können dieses Ich nicht definieren und festhalten. Aber indem wir immer tiefer in uns hineinfragen, werden wir eine Ahnung von dem Geheimnis des eigenen Ich bekommen.

Ich, das ist mehr, als sich von anderen zu unterscheiden, mehr als der bewusste Personkern, mehr als das Ergebnis meiner Lebensgeschichte. Das Ich heißt: Ich bin von Gott bei meinem Namen gerufen, mit einem unverwechselbaren Namen. Ich bin ein Wort, das Gott nur in mir spricht. Mein Wesen besteht nicht in meiner Leistung, nicht in meinem Wissen, auch nicht in meinem Fühlen, sondern in dem Wort, das Gott nur in mir spricht und das nur in mir und durch mich in dieser Welt vernehmbar werden kann. Sich selbst begegnen heißt daher, eine Ahnung von diesem einmaligen Wort Gottes in mir zu bekommen. Gott hat schon durch meine Existenz gesprochen, er hat sein Wort in mir gesagt. Beten als Selbstbegegnung heißt, in seinem innersten Geheimnis Gott zu begegnen, der mich in mir selbst angesprochen und sich in mir ausgesprochen hat.

Der *zweite* Schritt des Gebetes wäre die Begegnung mit Gott. Wir meinen oft, wir würden Gott doch längst kennen. Wir beten ja schon lange zu ihm. Wir haben ja schon genug von ihm gehört und können uns vorstellen, wer er ist. Aber stimmt das, was wir von Gott wissen, mit dem wirklichen Gott überein? Oder projizieren wir nur unsere Wünsche und Sehnsüchte auf Gott? Entstammen unsere Gottesbilder nur unserer Erziehung oder den Phantasien des eigenen Herzens? Auf der einen Seite brauchen wir Bilder, um uns Gott vorzustellen und um ihm begegnen zu können. Aber auf der anderen Seite müssen wir diese Bilder immer wieder übersteigen auf den eigentlichen Gott hin. Wir dürfen uns Gott nicht so niedlich vorstellen, nicht als den Kumpel, dem wir auf die Schulter klopfen. Es ist der unendliche Gott, der Schöpfer der Welt.

Wir können Gott nur in Gegensätzen denken. Gott ist der unendliche Schöpfer, aber er ist auch der, der sich jetzt um mich kümmert, der mich jetzt liebend anschaut. Gott ist der, der das große Universum geschaffen hat, aber er ist auch in mir, mir innerlicher, als ich mir selbst bin. Gott ist der barmherzige Vater, der mich liebend aufnimmt, aber er ist auch der Herr, vor dem mir nichts anderes übrig bleibt, als vor ihm niederzufallen. Gott ist mir vertraut, weil er sich mir geoffenbart hat und weil ich ihm in mir selbst begegne, aber er ist zugleich der ganz Andere, Unverfügbare, Unverständliche, der alle unsere theologischen Lehrsätze immer wieder in Frage stellt.

Wenn wir diesem Gott wirklich begegnen und nicht mehr nur den Begriffen unserer Theologie, dann mag es uns ergehen wie Ijob, der nach seinen Kämpfen mit Gott bekennen muss: „Vom Hörensagen nur hatte ich von dir vernommen; jetzt aber hat mein Auge dich geschaut. Darum widerrufe ich und atme auf, in Staub und Asche" (Ijob 42,5 f).

In dem Drama „Der seidene Schuh" lässt Paul Claudel Dona Proeza auf die Frage „Womit soll ich denn beten?" antworten: „Alles, was uns mangelt, das eben dient uns zum Gebet. Der Heilige betet mit seiner Hoffnung, der Sünder mit seiner Sünde." Wir sollen im Gebet Gott also unseren Mangel hinhalten, unsere Sehnsucht, unser Ungenügen an uns und unserem Leben. Und wir sollen Gott unsere Sünde hinhalten, unsere Schattenseiten.

Das Gebet befreit nur dann, wenn ich Gott auch in meine Abgründe schauen lasse, in das Verdrängte, in das vom Leben Ausgeschlossene, in die mörderischen Tendenzen meines Herzens, in das Falsche und Dunkle, in die Leidenschaften der Seele und in die Bedürfnisse und Wünsche, die unter der Oberfläche liegen. Im Gebet darf ich meine Angst und meine Verzweiflung sagen. Ich darf Gott alle Stimmungen und Gefühle zeigen, die ich mir selbst nicht erklären kann. Ich darf bloßlegen, was ich verdrängt habe, was ich bei mir selbst nicht wahrhaben wollte, weil es meine Ehre ankratzt, das Idealbild zerbricht, das ich unbewusst von mir habe […]

Nur wenn ich alles Gott hinhalte, wird das Gebet mich befreien. Ich brauche vor nichts in mir Angst zu haben. Es darf alles sein, aber es muss in die Beziehung zu Gott gebracht werden. Was ich von der Begegnung mit Gott ausschließe, das wird mir an meiner Lebendigkeit fehlen, das wird auch von meinem Leben ausgeschlossen. Es wird mich nur hinterrücks überfallen und mir schaden, anstatt meine Beziehung zu Gott zu intensivieren.

Das Gebet muss nicht fromm sein, sondern in erster Linie ehrlich. Beten heißt dann, alle Kammern meines Leibes und meiner Seele, meines Bewussten und meines Unbewussten aufzuschließen und Gott dort eintreten zu lassen, sodass das ganze Haus meines Lebens von Gott bewohnt und erleuchtet wird.

Wenn ich allein in meiner Klosterzelle bete, dann kommen mir manchmal Zweifel: Stimmt das denn alles, was du dir von Gott denkst, oder ist das nicht alles Einbildung? Stellst du dir das so vor, weil es so schön ist, weil du damit gut leben kannst, weil es sich so besser predigen oder schreiben lässt? Wenn diese Zweifel kommen, versuche ich sie zu Ende zu denken. Ich sage mir: Ja, das kann sein, dass alles nur Einbildung ist; alle religiöse Literatur ist nur Einbildung, Beruhigung des Menschen, dass er besser leben kann, Illusion, um die Augen vor der bitteren Wirklichkeit zu verschließen. Doch wenn ich das zu Ende denke, dann kommt eine tiefe Gewissheit in mir auf. Nein, so absurd kann das menschliche Leben nicht sein. Ich kann mir einfach nicht vorstellen, dass all die Heiligen nur Illusionen nachgelaufen sind, dass alle Kultur nur Nervenberuhigung ist. Es ist die Grundfrage, ob wir Menschen überhaupt etwas von der Wahrheit erkennen können, oder ob wir nur im Dunkeln tappen und uns eine Illusion zurechtschneidern. Aber dann ist alles absurd.

Wenn ich diese Absurdität zulasse, spüre ich nicht nur innere Gewissheit, sondern dann entscheide ich mich auch für die Alternative des Glaubens: Ich will auf diese Karte setzen. Ich will einem heiligen AUGUSTINUS folgen und nicht den Skeptikern, die in der Absurdität des Daseins ihre Lebensphilosophie finden. Und dann bekommt für mich das Gebet eine neue Dimension. Ich darf mich an den Urgrund des Seins, an die Ursache der ganzen Schöpfung wenden als ein Du. Ich darf dieses Du ansprechen, das da hinter dem Schleier der sichtbaren Welt verborgen ist. Ja, dieser Gott, dieses geheimnisvolle Du hat mich zuvor angesprochen. Er ist eine Person, einer, der mich liebt, der den Schleier des Seins durchstoßen hat und mir in seinem Wort eine Ahnung von seinem Geheimnis eröffnet hat.

Noch etwas anderes will das Gespräch mit Gott sein: der Ort der Intimität, an dem ich Gott alles sage, was in meinem Herzen ist an Sehnsucht, an Ahnungen, an Wünschen, an Wunden. Intim werden mit Gott, das heißt, ihm wirklich alle Gefühle auszudrücken, die in mir sind, oft genug verschüttet, weil ich selber Angst vor ihnen habe. Da kommen vielleicht sehr kindliche Gefühle hoch, wie die Sehnsucht nach Geborgenheit und Liebe, Gefühle, die ich vor mir selbst verberge, weil sie mir peinlich sind, weil ich meine, als Erwachsener sei ich doch darüber hinweg. Das Gebet will mir Mut machen, wirklich alles auszudrücken, nichts zurückzuhalten, meine tiefsten Sehnsüchte und alle Defizite meines Lebens, meine Liebe und das Angerührtsein in meinem Herzen. Dabei werde ich mit meinen Worten an Grenzen stoßen. Gebärden können mir helfen, meine intimsten Gefühle auszudrücken. So könnte ich die Hände über der Brust kreuzen und Gott meine Sehnsucht nach Intimität hinhalten.

Ein Mitbruder erzählte, dass er manchmal unter die Decke krieche und Gott all das sage, was er sich sonst nicht traue, dass er all die Gefühle Gott hinhalte, die eben nur unter der warmen Decke am Abend aufsteigen, und dass er manchmal ein Kissen an die Brust drücke und so bete, um Gott sein Bedürfnis nach Liebe und Zärtlichkeit zu zeigen. Wenn wir den Mut haben, das vor Gott anzusprechen und auszudrücken, was wir vor uns selbst verbergen, was wir nur in der intimsten Liebe zu einem Partner sagen würden, dann wird unser Leben tiefer und lebendiger. Es verliert alle Langweiligkeit und Durchschnittlichkeit. Wir werden echter und freier. Wir haben keine Angst mehr vor unserem eigenen Herzen. Das Herz beginnt zu schlagen. Wir fühlen: Wir sind wirklich da, wir leben. Es ist schön zu leben. Zugleich ist es natürlich auch schmerzlich. Es gibt keine Intimität ohne Verwundbarkeit. Aber gerade das macht uns lebendig und echt.

Gebet, 14ff.20ff.25f

Heilung geschieht von innen

Wenn Jesus vom Glauben spricht, dann meint er damit ein grundloses Vertrauen auf Gott. „Dein Glaube hat dir geholfen." Das bedeutet: Weil du dich in deiner Not an mich gewandt hast, weil du Vertrauen zu mir gefasst hast, darum bist du gesund geworden, darum konnte ich dich heilen. In den Heilungsgeschichten berichtet uns die Bibel von Menschen, die in der Begegnung mit Jesus Heilung erfahren haben. Jesus hat offensichtlich Vertrauen ausgestrahlt, sodass die Menschen den Mut fanden, sich mit ihren Krankheiten an ihn zu wenden. Wenn wir die Heilungsgeschichten heute lesen, dann nicht, um interessante Einzelheiten aus dem Leben Jesu zu erfahren, sondern um selbst in der Begegnung mit Jesus heil zu werden.

Alle Krankheiten, die Jesus geheilt hat, sind psychosomatischer Natur. Sie verdeutlichen, was auch in uns latent vorhanden ist. Wir sind blind und verschließen die Augen vor unangenehmen Dingen. Wir sind gelähmt, wir trauen uns nicht, aus uns herauszugehen, auf andere zuzugehen. Wir sind taub, wir wollen nicht hören, was uns nicht passt. Wir haben kein Gespür für die Untertöne und Zwischentöne, für das, was der andere uns eigentlich sagen möchte. Wir sind stumm, unfähig zu echter Kommunikation. Wir finden keine Worte, die verbinden und Leben spenden. Wir sind aussätzig. Wir können uns selbst nicht annehmen, wir fühlen uns ausgestoßen, isoliert und trauen uns nicht, uns den anderen zuzumuten. Wir sind besessen von fixen Ideen, beherrscht von wirren Gedanken, die uns dazu treiben, uns selbst zu schaden. Wir sind tot, als Lebende starr geworden, kalt, ohne inneren Antrieb, hoffnungslos.

Wenn wir die psychologische Bedeutung der verschiedenen Krankheiten verstehen, können wir uns mit unseren Wunden und Gefährdungen, mit unseren Ängsten und Komplexen in den Heilungsgeschichten wiederfinden und in der Begegnung mit Jesus Heilung erfahren.

Dimensionen, 16f

Unterwegs sein – zur Mitte

Gehen ist ein Versuch, das Glauben einzuüben, sich das Glauben zu ergehen. Dabei gibt es verschiedene Methoden.

Die *erste* Methode besteht darin, das Gehen selbst als Meditation zu nehmen. Man versucht, ganz bewusst zu gehen und im Gehen zu spüren, was man da eigentlich tut. Man braucht das Gehen nicht mit Inhalten zu befrachten, über die man beim Gehen nachdenken will, sondern das Gehen selbst ist Meditation. Indem ich bewusst gehe, übe ich den Glauben ein, wie ihn die Heilige Schrift beschreibt als Ausziehen, Unterwegssein, Auf-Gott-hin-Pilgern. Diese Form der Meditation werden wir vor allem bei den alten Mönchen finden. Sie entspricht ihrer Theologie des Wanderns.

Eine *zweite* Methode, die ebenfalls von den alten Mönchen praktiziert wurde, besteht darin, dass man mit einem Wort geht. Gehend wiederholt man beständig das gleiche Wort, meistens einen Psalmvers, häufig ein Wort, das mit dem Gehen zu tun hat und uns unser Gehen tiefer verstehen lässt.

Die *dritte* Methode ist ähnlich. Doch man geht nun nicht mit einem Wort, sondern mit einer Geschichte. Wir werden in der Heiligen Schrift viele Weggeschichten finden. Man kann sich mit so einer Weggeschichte auf den Weg machen. Man wird sich gehend in die Geschichte hineinversetzen, sich in die Rollen der Geschichte hineingehen und so sich den Sinn und die Erfahrung der Geschichte ergehen. Gehend nimmt man selbst teil an der Geschichte, erfährt seine heilende oder erhellende Wirkung an sich selbst.

Die *vierte* Methode, gehend zu meditieren, verbindet die körperliche Bewegung mit einer geistigen Anstrengung. Gehend denkt man über das nach, was man eigentlich tut. Man überlegt, was das im Letzten bedeutet: Weg, auf dem Weg sein, Pilger sein, Fremdling sein auf dieser Erde, auf Gott zugehen. Was sagt das über uns, über unser Leben aus? Eine Theologie des Weges kann uns so neue Dimensionen unseres Gehens erschließen.

Es geht […] um den inneren Weg. Und auf diesen Weg mache ich mich nur, wenn ich mich freigehe von allem, was mich daran hindert, ich selbst zu sein. Wandernd muss ich die Rollen ablegen, die ich spiele, die Masken abfallen lassen, die mein Wesen verdecken und entstellen. Wer bin ich, der da geht, wenn all das Zufällige wegfällt, wenn nicht mehr zählt, was ich geleistet habe, was ich bei den Menschen gelte? Wandernd gehe ich mich hinein, in mein Wesen, in meine Wahrheit, in meinen Kern. Was die Menschen von mir halten, ist nicht wichtig, das fällt beim Gehen ab. Was ist mein Kern, wer bin ich wirklich vor Gott? Im Wandern ziehe ich aus aus allem Zufälligen und mache mich auf den Weg zu mir selbst, auf den Weg zu Gott, zu meinem Gott, zum Gott meines Lebens.

Ich brauche beim Wandern nicht ständig darüber nachzudenken, was mich bindet und wovon ich abhängig bin und wie ich davon freiwerden könnte. Beim Gehen kommen einem zwar viele Gedanken, und vieles wird einem auch gedanklich klarer. Doch das Wandern als leibhafte Meditation meint etwas anderes, nicht eine Meditation über etwas, sondern eine Einübung in etwas. Im Wandern übe ich den inneren Auszug ein, ich gehe mich hinein in eine innere Freiheit. Indem ich mich dem Gehen überlasse, ziehe ich aus aus dem, was mich gefangen hält, ich ziehe aus aus Gewohnheiten, die mich fesseln, aus Bindungen an Menschen, ohne die ich nicht leben kann, aus der Unfreiheit, in die mich meine Bedürfnisse und Wünsche gebracht haben, ich lasse meinen Besitz hinter mir, Komfort und Bequemlichkeit. Ich verzichte auf den Kontakt mit Menschen. Für sie bleibe ich eine Zeit lang unerreichbar. So ziehe ich aus aus der Welt, aus der Verbindung mit ihr, gehe mich in eine immer größere Freiheit hinein, in die Freiheit des Glaubens, der sich an nichts festhält außer an Gott.

Woher hat das Gehen die Fähigkeit, uns von Krankheit und Kummer zu befreien? Im Gehen sind wir ständig in Bewegung, und so kann sich auch in unserem Geist etwas bewegen. Die gleichmäßige Bewegung der Füße, die den Boden immer wieder berühren und sich von ihm wieder abheben, ermöglicht das Abgeben von Spannungen, die sich im Leib festgesetzt haben und immer auch seelische Konflikte ausdrücken. So geht man sich die Unruhe und den Kummer weg und wird immer ruhiger und ausgeglichener. Indem man bewusst die Füße aufsetzt und abrollt, lässt man alles abfließen, was den Leib und damit auch die Seele verspannt, verkrampft, verunreinigt. Man fühlt sich nach dem Wandern wie innerlich gewaschen, aufgeräumt. Der Müll ist weggegangen.

Wandern ist gerade für Menschen heilsam, die depressiv veranlagt sind. Statt über sich nachzugrübeln, sollten sich depressive Menschen auf den Weg machen, ihren Körper anstrengen. Durch Nachgrübeln kommt man oft nicht weiter, man gerät in einen Teufelskreis, aus dem man nicht mehr ausbrechen kann. Im Wandern wage ich mich heraus aus diesem Teufelskreis. Da bleibe ich nicht mehr nur im Kopf, im Denken und Grübeln, in dem ich mich selbst oft nicht wahrnehme und spüre, sondern oft neben mir stehe, mich aus einer gewissen Distanz heraus beobachte und manchmal gar nicht mehr weiß, wer ich bin. Im Wandern werde ich wieder eins mit meinem Leib. Ich spüre meinen Leib, ich schwitze, ich spüre Leben und Kraft in mir. Dieses Spüren des Lebens in mir entreißt mich der Depression, die mich am liebsten verschlingen möchte. Wer wandert, lässt sich nicht verschlingen, er löst sich aus dem Sog der Gedanken, die einen ängstigen und einen wie eine dunkle Wolke überfallen. So haben schon die Mönche geraten, nach draußen zu gehen, wenn einen unangenehme Gedanken bedrängen und wenn das Nachdenken über sie nicht mehr weiterhilft.

Wer versucht, sein Wandern einmal unter dem Aspekt zu sehen, dass er auf Gott zugeht, der kann erfahren, wie relativ für ihn alles wird, was er hier auf Erden tut. Er geht über diese Welt hinweg auf Gott hin. Der Boden entschwindet immer wieder seinen Füßen. Er bietet ihm keinen festen Halt. Wir gehen immer weiter, alles bleibt zurück. Wir berühren diese Erde mit jedem Schritt, aber wir verlassen sie auch ständig. Wir spüren, dass wir nichts mitnehmen können in den Himmel. So gehen wir uns in eine Freiheit gegenüber der Welt hinein, die uns das Gefühl vermitteln kann: Alles, was wir hier arbeiten und erreichen, worum wir uns hier sorgen, wofür wir uns verantwortlich fühlen, all das vergeht, all das kann unser Wesen nicht ausmachen. Wir sind auf dem Weg auf ein größeres Ziel, auf Gott hin, vor dem all unsere Sorgen und Mühen um die Dinge dieser Welt erst ins rechte Licht gerückt werden. Im Gehen geht uns das eigentliche Ziel unseres Lebens auf. Wir sind auf dem Weg zu Gott.

Diese Eigenschaft des Gehens, uns den Sinn und das Ziel unseres Lebens zu erschließen, lässt sich schon aus der Sprache herleiten. Das Wort „Sinn" bedeutet ursprünglich gehen, reisen, eine Fährte suchen, eine Richtung nehmen. Gehen heißt also, auf etwas sinnen, nach dem Sinn fragen, nach dem Ziel suchen. Wer sich auf den Weg macht, fragt nach dem Sinn seines Lebens. Im Gehen sucht er den Grund und das Ziel seines Unterwegsseins. Das Ziel unseres Gehens ist letztlich nie innerweltlich, wir gehen auf eine letzte Geborgenheit zu, auf eine Heimat, in der wir uns endgültig niederlassen können.

Novalis hat diesen Aspekt des Gehens in seinem Roman *Heinrich von Ofterdingen* in die kurze Frage gefasst: „Wohin denn gehen wir – immer nach Hause." Unser Weg führt immer nach Hause, immer nach einer Heimat jenseits dieser Welt. Alles Ausruhen ist nur Symbol für das ewige Ausruhen.

Weg, 9f.20f.23f.29f

Von woher und auf was hin leben?

Karlfried Graf Dürckheim, der sich der Jungschen Psychologie verpflichtet wusste, sprach vom Weg des Mündigwerdens als von einem Weg wachsender Seinserfahrung. Dieser Weg führt auch nach Dürckheim über den Mut, in die eigene Dunkelheit, Einsamkeit und Traurigkeit hinabzusteigen. Das Ziel des Reifungsweges ist, dass das Bild Gottes in einem hervortritt, dass der Mensch mit seinem wahren Wesen in Berührung kommt. Es ist ein Wandlungsweg, in dem das „Inbild" des Menschen immer mehr hervortritt.

Dürckheim meint nun, dass der Mensch Seinserfahrungen gerade in Stunden größter Not machen kann: „Es sind Stunden, in denen wir an die Grenze unserer menschlichen Macht und Weisheit gelangten, scheiterten, dann aber fähig waren, uns zu unterwerfen. Und im Augenblick des Loslassens und Eingehens des alten Ich und seiner Welt verspürten wir in uns das Aufgehen einer anderen Wirklichkeit. So mancher hat es erfahren, wenn der Tod ganz nah war, in Bombennächten, in schwerer Krankheit oder anderen Weisen drohender Vernichtung, wie gerade in dem Augenblick, in dem die Angst ihren Höhepunkt erreichte und die innere Abwehr zusammenbrach, wenn er sich jetzt unterwarf und die Situation annahm …, schlagartig ganz ruhig wurde, unversehens ohne Angst war und spürte, dass etwas in ihm lebendig ist, an das kein Tod und keine Vernichtung herankommt. Für einen Moment wusste er dann: ‚Wenn ich hier wieder herauskomme, dann weiß ich ein für alle Mal, von woher und auf was hin ich zu leben habe.' Der Mensch weiß nicht, was es ist, aber er fühlt sich plötzlich in einer anderen Kraft" (in: Ders., Überweltliches Leben in der Welt. Der Sinn der Mündigkeit. Weilheim 1968, 20).

Ähnliche Seinserfahrungen kann der Mensch machen, wenn er die Sinnlosigkeit, die Verzweiflung spürt, wenn ihm Unrecht geschieht. „Hier nun hat es mancher erfahren, dass in dem Augenblick, in dem er nachgab, sich selbst hingab und also das Unannehmbare annahm, ihn plötzlich das Sein, nun aber als ein tieferer Sinn, erfüllte. Mit einem Male fühlt sich der Mensch in eine unbegreifbare Ordnung gestellt. Klarheit durchleuchtet ihn" (ebd., 20f).

Auch wenn sich ein Mensch seiner Einsamkeit stellt, die Traurigkeit aushält, die ihn überfällt, „dann kann er sich plötzlich aufgefangen fühlen und von einer Liebe umfangen und geborgen, von der er nicht sagen könnte, wer ihn liebt oder wen er liebt. Er steht eben einfach, wie vordem in der Kraft und in der Klarheit, nun ‚in der Liebe' und dabei jedes Mal auch in einem Zustand, der ihn zum lebendigen Zeugen eines alle seine bisherigen Daseinsvoraussetzungen übergreifenden Seins macht" (ebd., 21).

Für Dürckheim geht der Weg zu Gott also oft über die Erfahrung der eigenen Not, der Bedrohung durch fremde Mächte, der Verzweiflung, der Ungerechtigkeit, der Einsamkeit und der Traurigkeit. Indem sich der Mensch in diese dunklen Erfahrungen hineinwagt, verwandelt sich das Gefühl, und auf dem Grund der Not zeigt sich der tragende und befreiende, der liebende und erleuchtende Gott.

Spiritualität, 46ff

Glauben deutet und macht gesund

Bei manchen erweckt das Wort „umdeuten" den Eindruck, dass ich die Wirklichkeit verfälsche oder eben beliebig umdeute, damit ich besser damit zurechtkomme. Doch das ist nicht gemeint. Wenn ich willkürlich umdeute, dann kann das auf Dauer meinen Verstand nicht befriedigen. Ich muss das Umdeuten vor meinem Verstand rechtfertigen können. Es muss der Wahrheit entsprechen, sonst würde ich es als billigen Trick durchschauen. Und was ich als psychologischen Trick durchschaut habe, wirkt nicht mehr. Auf Dauer wirkt nur, was wirklich ist, was der Wirklichkeit entspricht. Ich kann zwar sagen, dass es mir seelisch gut geht, wenn ich mein Leben vom Glauben her deute. Aber zugleich weiß ich, dass der Glaube nur wirkt, wenn das, woran ich glaube, auch wirklich existiert. Im Glauben übersteige ich also schon die psychologische Ebene und beziehe mich auf den wirklichen Gott.

Das ist zwar noch kein Gottesbeweis. Er liegt höchstens in der Richtung des ontologischen Gottesbeweises bei Anselm von Canterbury [Kirchenlehrer und Bischof am Beginn des 2. Jahrtausends; *d. Hrsg.*], der davon ausgeht, dass wir die Vorstellung von einem höchsten Gut haben. Da aber ein höchstes Gut, das existiert, ein nur gedachtes höchstes Gut übertrifft, übersteigen wir in unserer Vorstellung schon die Ebene des Denkens und beziehen uns auf den tatsächlich existierenden Gott. So könnte man auch den psychologischen Gottesbeweis aufbauen.

Psychologisch können wir feststellen, dass uns der Glaube gesund macht. Aber da wir zugleich unseren Verstand beim Glauben nicht ausschalten, würde ein Glaube, der von unserem Verstand als psychologischer Trick entlarvt würde, uns nicht weiterhelfen. Nur wenn wir fest davon überzeugt sind, dass dem Glauben eine Wirklichkeit entspricht, kann der Glaube positiv in uns wirken.

Im Begriff des Glaubens ist also schon die Ebene des bloßen Denkens und Sicheinbildens überschritten und die Ebene des existierenden Gottes berührt. Allerdings ist das kein zwingender Beweis, sondern es setzt die Grundentscheidung voraus, dass wir unserem Erkenntnisvermögen trauen und nicht als Blinde herumtappen in einer hoffnungslos absurden Welt.

Das Wort „umdeuten“ bezieht sich auf die Tatsache, dass wir ja unbewusst immer schon deuten, dass wir bei der Deutung unseres Lebens von Deutungen ausgehen, die wir unbewusst von unserer Umgebung übernehmen. Gegenüber dieser oft unreflektierten Deutung deutet uns der Glaube unser Leben um. Er lässt es uns so deuten, wie Gott unser Leben sieht. Und diese Deutung entspricht der Wirklichkeit mehr als unsere gewohnten Deutungen. Wir entnehmen die Deutung des Glaubens der Heiligen Schrift. Aber wir beziehen die Worte der Schrift bewusst auf unser Leben und fragen uns: Wenn das stimmt, was sagt das über mein Leben, wie muss ich mich dann sehen und fühlen?

Wenn das Wort aus Psalm 23 stimmt: „Der Herr ist mein Hirte, nichts wird mir fehlen“, was bedeutet das dann für meine Erfahrung von Einsamkeit und Enttäuschung? Wie deutet dieser Satz den Tod eines Menschen, der mir sehr wichtig war? Wie sehe ich dann meinen Mangel an Anerkennung und Zuwendung? Das Modell des Glaubens als Umdeuten bezieht die Worte der Schrift auf meine konkrete Lebenssituation und lässt mich dann in einer neuen, der Erlösung durch Christus entsprechenden Weise mit den Erfahrungen meines Lebens umgehen.

Ein anderer Einwand meint, das Umdeuten führe dazu, alles einfach hinzunehmen und nicht nach wirklichen Lösungen Ausschau zu halten. Man müsse alles fromm umdeuten, um damit fertig zu werden. Damit lasse ich aber die Zustände, wie sie sind. Doch für mich ist das Umdeuten etwas Aktives. Ich muss nicht sofort umdeuten, sondern mich zuerst fragen, ob ich etwas ändern kann oder will. Die Alternative lautet für mich: ändern oder umdeuten, aber nichts dazwischen, nicht ein wehleidiges Jammern, dass man da nichts machen könne, dass halt alles so schwer sei. Die Alternative „ändern oder umdeuten" zwingt mich gerade zu einer aktiven Reaktion. Ich muss mich entscheiden, was ich will, wie ich auf die Herausforderungen des Lebens, auf die Herausforderungen durch Mitmenschen und durch Situationen bei der Arbeit reagiere.

Das Umdeuten muss redlich sein. Ich muss es vor meinem Verstand und vor meinen Gefühlen verantworten können. Ich kann mir nicht Beliebiges einreden. Es geht nicht darum, nur an die Macht der positiven Gedanken zu glauben und mir einzureden: Es geht mir von Tag zu Tag besser, obwohl es mir gar nicht gut geht. Das Umdeuten des Lebens nimmt die Realität an, wie sie ist. Aber im Glauben übersteige ich die Ebene der Probleme und sehe die Probleme von einer anderen Warte aus. Diese Warte ist nicht beliebig, sondern es ist die Sicht des Glaubens, des Wortes Gottes, das mir meine Welt in ein neues Licht taucht. Wenn ich mich z. B. maßlos über einen Menschen ärgere, dann kann ich mir nicht vorsagen: „Ich ärgere mich nicht. Es macht mir gar nichts aus, was er sagt." Da würde ich mir künstlich etwas einreden.

Umdeuten könnte so aussehen: „Ich ärgere mich zwar. Aber warum nehme ich ihn eigentlich so wichtig? Warum gebe ich ihm so viel Macht über mich? Warum beziehe ich alles, was er sagt, auf mich? Das ist doch sein Problem. Ich kann ihn nicht ändern, aber ich brauche ja nicht zu reagieren. Ich lebe mein Leben. Ich bin nicht verantwortlich für sein komisches Verhalten." Oder ich kann mir sagen: „Ein anderer hat nur soviel Macht über mich, wie ich ihm gebe. Wenn ich mich über einen ständig ärgere, wenn ich mich ständig provozieren lasse, dann gebe ich ihm zu viel Macht über mich. Ich erweise ihm mehr Ehre, als ihm gebührt. So wichtig ist der andere gar nicht."

Das sind rein menschliche Umdeutungen, aber Umdeutungen, die ich vor mir und meinem Verstand verantworten kann. Ich kann die Situation auch im Glauben umdeuten. Dann frage ich mich, was Gott mir durch den anderen sagen will, auf welche eigenen Fehler er mich stoßen will, wohin mich Gott durch den anderen führen will. Oder ich kann für ihn beten. Das ist auch eine Umdeutung der Situation. Im Beten reagiere ich aktiv. Ich frage mich, worunter der andere leidet, wo er unzufrieden ist mit sich selbst. Und ich bete für ihn, dass Gott ihm inneren Frieden schenkt […]

Glauben heißt, die Deutung des Lebens und der Welt durch Jesus zu übernehmen. Das bedeutet, die Welt mit guten Augen ansehen, sie gutheißen, sie annehmen als Welt des guten Gottes. Die Welt wird dann nicht als das Fremde und Bedrohliche erfahren, sondern als Schöpfung Gottes. Sie wird durchlässig für Gott. Sie spiegelt Gottes Herrlichkeit wider. Diese neue Sicht lässt mich anders mit der Natur umgehen und gibt mir ein anderes Gefühl. Es ist keine Naturschwärmerei, sondern eine Sicht, die in der Natur Gottes Geist am Werk sieht. Wenn ich mit diesem Blick durch die Natur gehe, so erscheint sie mir in einer ganz neuen Dimension. Sie wird mir vertraut. Ich fühle mich eins mit ihr. Sie ist Werk Gottes, meines Schöpfers. Gott hat mich aus dem gleichen Stoff gemacht wie sie. Das Leben, das ich in ihr spüre, ist auch mein Leben. Es ist Gottes Leben.

Und dann wird alles durchlässig für Gott. Die Blume spiegelt Gottes Schönheit wider. Die Sonne lässt mich seine Wärme und Liebe spüren. Im Wind durchweht mich Gottes Geist, er rüttelt mich durch im Sturm, er reinigt mich, indem er mich durchbläst, und er streichelt mich zärtlich im Säuseln. Ich brauche den Dingen nur auf den Grund zu gehen, mich ganz in die Dinge hineinzuspüren, dann entdecke ich auf ihrem Grund Gott. Diese neue Sicht der Natur lässt mich nie zu Ende kommen mit ihr. Das

Geheimnis Gottes wohnt in der Schöpfung. Und so wird die Schöpfung für mich nie langweilig. Ich spüre in ihr immer wieder etwas von dem unendlichen Geheimnis Gottes. Und diese Sicht führt auch zu einem neuen Erleben meiner selbst. Ich fühle das Leben Gottes, das in der Natur um mich herum so mannigfaltig sich regt, auch in mir.

Der Glaube als Umdeuten der Wirklichkeit vollzieht sich in drei Schritten: Der *erste* Schritt ist das Erkennen einer Lösung zweiter Ordnung [s. u.], die neue Sichtweise. Manchmal blitzt es förmlich auf, und man sieht die Situation, sich selbst und den anderen völlig neu. Ein andermal muss ich mir bewusst die Frage stellen: Kann ich das nicht auch anders sehen? Gibt es nicht auch ein anderes Verstehensmodell? Dann relativiert sich meine bisherige Betrachtungsweise, und ich ahne etwas von der Umdeutung des Glaubens.

Der *zweite* Schritt ist das Umwandeln der Wirklichkeit in die Liebe. In der Liebe gehe ich auf neue Weise mit der umgedeuteten Wirklichkeit um, ich gehe gut um, behandle sie gut, mache sie gut.

Der *dritte* Schritt ist das Loben, in dem ich das neu Gesehene auch benenne, die neue Sehweise auch mit Worten ausdrücke. Man kann nicht sagen, welcher Schritt dem andern folgt.

Alle Schritte hängen miteinander eng zusammen. Rein logisch ist das Sehen das Erste. Aber manchmal lerne ich auch erst neu zu sehen, wenn ich liebe oder wenn ich lobe. Das Wort des Lobes kann mir die Wirklichkeit neu erschließen und sie mir liebenswert machen. Und umgekehrt drängt die Liebe zum Loben.

Das Modell „Glauben als Umdeuten“ kann uns nicht nur den Zusammenhang von glauben, lieben und loben deutlich machen, sondern es hilft uns auch, mit unserem Leben, mit unseren Schwierigkeiten und Problemen, mit unseren

Ängsten und Schwächen, mit der Unvollkommenheit der Menschen um uns herum, mit unserer Gemeinschaft in der Familie, im Kloster und in der Kirche besser zurechtzukommen. Der Glaube als Umdeuten bewahrt uns vor den Fehllösungen der Utopie, der Paradoxie, der schrecklichen Vereinfachung und vor einem ständigen „Mehr desselben“ und weist uns einen Weg, wirkliche Lösungen zu entdecken, Lösungen zweiter Ordnung, Lösungen von Gott, der allein die Lösung unseres Lebens in Händen hält, der auch das Problem unseres Todes zu lösen vermag, in dem letztlich all unsere Probleme gipfeln und den er in der Auferstehung seines Sohnes umgedeutet und umgewandelt hat zum Weg in ein Leben in Fülle.

Glauben, 26ff. 64f

Die eigene Wahrheit im Schatten des großen Baumes

Nichts ersehnt der Mensch heute mehr, als dass er zur Ruhe kommt, dass er nicht nur äußere, sondern auch innere Ruhe findet. Er leidet an der Unruhe unserer Zeit, am Lärm, der ihn umgibt, an der Hektik, die ihn zu Tode hetzt. Aber in seiner Sehnsucht nach wirklicher Ruhe leidet der Mensch zugleich an seiner Unfähigkeit, wirklich ruhig zu werden. Die wenigen Augenblicke, die er sich gönnt, um einmal von allem abzuschalten, führen ihn nicht zur Ruhe, sondern konfrontieren ihn mit dem inneren Lärm, mit seinen lauten Gedanken, seinen Sorgen, seinen Ängsten, seinen Schuldgefühlen, seinen Ahnungen, dass sein Leben wohl doch nicht so läuft, wie er es sich einmal erträumt hat. Und so läuft er vor diesen unangenehmen Augenblicken der Stille davon und betäubt sich wieder mit dem Lärm, der von allen Seiten auf ihn einströmt. Er flieht wieder in die Beschäftigung, um seiner so unbequemen Wahrheit aus dem Weg zu gehen.

[...] Der Weg zur wahren Ruhe führt nur über die eigene Wahrheit und er ist ein höchst anspruchsvoller Weg, ein Weg, der letztlich von mir und meinen Sorgen wegführt und in Gott hinein mündet. Das Wort des hl. AUGUSTINUS vom unruhigen Herzen, das nur in Gott Ruhe findet, ist nicht nur ein frommes Wort, sondern es entspricht unserer tiefsten Erfahrung. Wir selbst können unser unruhiges Herz nicht beruhigen. Wir können unsere Ängste nicht selbst besänftigen, wir können unsere Schuldgefühle nicht selbst entkräften, wir können unserem eigenen Schatten nicht davonlaufen. Wir brauchen den Baum, in dessen Schatten wir ausruhen können, ohne von unserem Schatten geängstigt zu werden. Wir brauchen Gott, in dessen Schutz wir geborgen sind, in dessen Liebe wir erahnen dürfen, dass wir bedingungslos angenommen sind, dass alles in uns sein darf, auch die Unruhe, auch die quälenden Sorgen und Ängste. Weil vor Gott alles sein darf, weil wir vor Gott alles zeigen dürfen, was in uns ist, kann in seiner Nähe die tödliche Flucht vor uns aufhören. So können wir uns im Schatten seines Baumes niederlassen und die wahre Ruhe finden, nach der wir uns alle so sehr sehnen.

Herzensruhe, 157f

3

Am andern Ufer der Ängste und Sorgen

Das Leben vereinfachen

Unsere Unruhe rührt häufig daher, dass wir zu viel auf einmal tun wollen und dass wir zu viel in unseren Häusern haben. Ursula Nuber hat in der Zeitschrift *Psychologie heute* vor einiger Zeit einige konkrete Tipps dazu gegeben, wie wir unser Leben entrümpeln und entmüllen können. Sie meint, vieles, was wir im Haushalt haben, was wir in unserem Wohnzimmer, in unserem Büro, in unserem Keller aufbewahrt haben, verwenden wir kaum einmal. Es ist einfach nur ein Ballast, den wir mit uns herumschleppen. Aus Angst, wir könnten das oder jenes Haushaltsgerät doch einmal brauchen, kaufen wir es, um dann nach einiger Zeit festzustellen, dass wir es höchstens dreimal gebraucht haben. Seit Jahren steht es nutzlos herum. Aber all das Viele, was wir angesammelt haben, macht uns nicht gesammelt, sondern es belastet uns nur noch.

Ein Weg, zur inneren und äußeren Ruhe zu kommen, wäre daher, all das, was wir nicht wirklich brauchen, zu entrümpeln, damit wir wieder genügend Raum bekommen, um zu leben, um die Ruhe in unserem Haus genießen zu können. Wenn alles voll steht, ist es nirgends mehr einladend, können wir nirgends mehr ausruhen. Überall erinnern uns Gegenstände, was wir noch eigentlich gebrauchen könnten, was wir damit anfangen müssten, damit es nicht umsonst herumsteht. So setzt uns das Gekaufte oft genug unter Zugzwang. Damit es nicht umsonst gekauft ist, müssen wir damit etwas tun. Wir müssen uns beschäftigen, anstatt einfach zu genießen, dass wir freie Zeit haben, dass uns die Zeit geschenkt ist.

Unter dem Stichwort „Das Leben vereinfachen" erscheinen heute viele Bücher. Es ist letztlich das Thema, das früher mit dem Wort „Askese" bezeichnet wurde. Askese hat immer auch mit Selbstbeschränkung und Verzicht zu tun. Verzichten setzt ein starkes Ich voraus. Wer ein schwaches Selbstwertgefühl hat, der braucht vieles, um seine innere Leere zu verdecken. Er ist ständig auf der Suche nach mehr. Er meint, er käme zur Ruhe, wenn er all das hat, was er zum Leben braucht. Aber ein Bedürfnis weckt das andere. Selbstbeschränkung ist aber nicht nur ein Kennzeichen für ein starkes Selbst, sondern auch ein konkreter Weg, das Selbst zu stärken. Indem ich verzichte auf all das, was die Menschen um mich herum haben, finde ich mehr und mehr meine eigene Identität. Ich werde stolz darauf, dass ich vieles nicht brauche. Das steigert mein Selbstwertgefühl. Und es führt dazu, dass ich mehr bei mir selbst bin anstatt bei den vielen Dingen, die meine Bedürfnisse befriedigen sollten. Je mehr ich aber bei mir selber bin, desto ruhiger werde ich.

Herzensruhe, 140ff

Auf der Flucht vor sich selbst – und dann?

Erst wenn wir die Wirklichkeit erkennen, wie sie in Wahrheit ist, können wir richtig damit umgehen, können wir als freie Menschen in dieser Welt leben. Dann hat die Welt keine Macht über uns. Wir machen uns ja Illusionen über die Welt, weil wir im Grund unseres Herzens Angst haben vor ihr, Angst vor ihren Abgründen, vor ihrer Dunkelheit,

Angst vor dem Schicksal, Angst vor dem Chaos, Angst vor der Bedrohung, die uns überall in dieser Welt auflauert. Ich kenne viele Menschen, die ständig auf der Flucht sind vor der eigenen Wahrheit. Sie haben Angst vor der Stille. Da könnte ja in ihnen etwas hochkommen, was sie nicht im Griff haben.

Ich habe einmal für einen Familienkreis eine Wanderwoche veranstaltet. Ich schlug vor, wie bei den Jugendwanderungen auch hier jeweils eine Stunde am Tag schweigend zu wandern. Eine Frau wehrte sofort ab. Das würde ihr Angst machen. Da hätte sie ja nichts in der Hand. Da wüsste sie nicht, was da in ihr alles hochkommen würde. Eine andere war gegen das Schweigen, weil die Kinder es nicht aushalten würden. Aber dahinter versteckte sie nur die eigene Angst. Denn die Kinder konnten sich sehr gut auf das Schweigen einlassen. Am zweiten Tag fragten sie mich schon ganz neugierig, ob wir das wieder so machen würden „mit den schönen Gedanken". Schweigen war für sie, sich schöne Gedanken auszudenken, den guten Gedanken, die in ihnen auftauchten, nachzugehen.

Viele sind ihr ganzes Leben lang auf der Flucht vor sich selbst. Weil sie Angst haben vor der eigenen Wahrheit, sind sie Sklaven ihrer eigenen Betriebsamkeit geworden. Es muss immer etwas los sein. Das Schlimmste, das ihnen passieren kann, wäre, dass nichts los ist, dass sie nichts hätten, womit sie sich gegen die aufkommende Wahrheit wehren könnten.

Freiheit, 24f

Die Gesichter der Angst

Angst ist heute eine Grunderfahrung des Menschen. Es sind viele Ängste, die uns bedrängen, Angst vor der Zukunft, Angst vor Krieg und Zerstörung, Angst vor Arbeitslosigkeit, Angst vor Versagen, Angst vor Krankheit und Tod, Angst vor der Sinnlosigkeit des Daseins [...]

Mit der Existenz des Menschen ist eine Grundangst verbunden, die auch von der Psychologie nicht aufgelöst werden kann. Es ist die Angst, die durch seine Endlichkeit gegeben ist, die Angst, kein Recht für sein Dasein zu haben, nicht in sich zu ruhen, sondern angewiesen zu sein auf einen anderen. Diese Grundangst des Menschen kann keine Psychologie aufheben, sie kann nur in einem abgrundtiefen Vertrauen auf Gott überwunden werden, der uns den Grund unseres Daseins schenkt, der uns aus Liebe geschaffen hat und uns aus Gnade leben lässt.

Fritz Riemann hat vier Grundformen menschlicher Angst beschrieben. Und Eugen Drewermann hat gezeigt, dass diese Grundängste letztlich nur im Glauben überwunden werden können (vgl.: Riemann, Grundformen menschlicher Angst. München [34]2002; und: Drewermann, Psychoanalyse und Moraltheologie, Bd. 1. Mainz 1982, 145ff).

Die *erste Angst* ist die Angst des hysterischen Menschen. Es ist die Angst vor der Haltlosigkeit des Daseins. Und diese Angst versucht der Mensch zu überwinden, indem er sich an vielem festhält, am Besitz, am Erfolg, vor allem aber an Menschen. Er klammert sich an einen geliebten Menschen und erwartet von ihm absolute Geborgenheit, absoluten Halt. Aber dadurch gerät er nur noch mehr in Angst, weil er spürt, dass kein Mensch ihm absoluten Halt geben kann. Jeder ist sterblich, jeder hat seine Schwächen. Absolute Geborgenheit kann uns nur Gott schenken. Er trägt uns und hält uns. Aus seinen schützenden und liebenden Armen werden wir niemals fallen. Er erfüllt uns unsere Sehnsucht nach absolutem Halt. Ein Mensch kann uns Zeichen sein für diese absolute Geborgenheit. Und nur wenn wir ihn als Zeichen und Mittler für Gottes unendliche Liebe sehen, können wir uns über die Geborgenheit, die er uns schenkt, freuen und sie ohne Angst genießen.

Die *zweite Angst* ist die Angst des zwanghaften Menschen. Es ist die Angst vor der Wertlosigkeit des Daseins. Und diese Angst versucht man zu überwinden, indem man sich seinen Wert selbst beweisen will, durch viel Arbeit, durch immer höhere Leistung, aber auch durch peinlich genaue Erfüllung aller religiösen Pflichten. Man will sich selbst, den anderen und auch Gott seinen Wert beweisen. Man will so auf sich aufmerksam machen, dass einen keiner mehr übersehen kann. Man will Gott gegenüber so gewissenhaft seine Pflicht tun, dass ihm gar nichts anderes übrig bleibt, als einen zu belohnen. Doch auch mit dem größten Ehrgeiz können wir die Angst vor unserer Wertlosigkeit nicht überwinden, im Gegenteil, wir spüren, dass uns unsere Leistung den anderen nicht näher bringt. Und wir merken, dass wir den Anspruch, immer perfekt und immer besser als die anderen sein zu müssen, nie erfüllen können. So treiben wir uns zu Höchstleistungen an und setzen uns dauernd unter Druck. Wir verspannen und verkrampfen uns.

Die Angst vor der eigenen Wertlosigkeit können wir nur durch den Glauben überwinden. Im Glauben erfahren wir, dass wir vor Gott wertvoll sind, bevor wir etwas geleistet haben, wertvoll einfach durch unser Sein, so wertvoll, dass Christus für uns gestorben ist, dass Gott sich um uns kümmert, ja, dass er sogar Wohnung in uns nimmt.

Die *dritte Angst* ist die Angst des depressiven Menschen. Es ist die Angst vor der Schuldhaftigkeit des Daseins. Man hat das Gefühl, allein durch sein Dasein schon Schuld auf sich geladen zu haben. Und man entschuldigt sich dann ständig, dass man überhaupt am Leben ist, dass man den anderen die Zeit stiehlt, den Raum zum Leben, die Luft zum Atmen wegnimmt. Oder man versucht, diese Angst durch Übernützlichkeit zu ersticken. Aber auch das gelingt nicht. Man verausgabt sich, und irgendwann kann man nicht mehr und spürt, dass man das ganze Leben versäumt hat. Um die Schuld für sein Dasein abzutragen, hat man am Leben vorbeigelebt. Und so steht man völlig leer und ausgepumpt da.

Auch diese Angst kann uns nur der Glaube nehmen, der Glaube, dass wir aus Gnade leben, dass wir leben, weil Gott uns gewollt und uns aus Liebe, aus seinem Wohlgefallen heraus geschaffen hat. Wir glauben, dass Gott uns liebt, dass er Zeit für uns hat, dass er froh ist über unser Dasein. Diese Erfahrung des Glaubens befreit uns von aller Angst und von den unnützen Schuldgefühlen, mit denen wir uns oft genug zerfleischen. Wenn in mir manchmal solche lähmenden Schuldgefühle auftauchen, dann hilft mir der Satz aus dem 1. Johannesbrief: „Wenn das Herz uns auch verurteilt – Gott ist größer als unser Herz, und er weiß alles“ (3,20).

Die *vierte Angst* ist die des schizoiden Menschen, der Angst hat vor tausend Dingen, die ihn bedrohen. Er hat Angst vor dem dunklen Keller, Platzangst, Angst vor vergifteter Nahrung, Angst vor Einbrechern, Angst vor einem Unfall. Ein Stück weit sind diese Ängste normal. Aber viele steigern sich in solche Ängste hinein.

Der Glaube befreit uns auch von dieser Angst. Er zeigt uns, dass uns im Grunde nichts passieren kann. Der Glaube zeigt uns, dass wir den Tod, der hinter all diesen Bedrohungen letztlich steckt, schon überwunden haben, dass wir schon jenseits der Schwelle leben. Weil wir durch die Taufe schon teilhaben am ewigen Leben, kann uns auch der Tod nicht mehr von Gott trennen. Er kann uns nur noch tiefer in ihn hineintauchen. Weil wir schon in Gott wohnen, kann uns niemand mehr unser Haus zerstören.

Die Frage ist, wie wir einen solchen Glauben, ein solches Vertrauen gewinnen können. Kann man sich das einfach vornehmen? Sicher nicht. Das Vertrauen kann jedoch wachsen, wenn wir uns bewusst immer wieder in die Begegnung mit Jesus hineinmeditieren. Man kann sich den Glauben nicht einreden. Aber wir alle haben eine Ahnung in uns, dass solch ein Glaube befreien könnte. Die Meditation der biblischen Heilungsgeschichten lässt in uns diesen Glauben wachsen. Wir müssen uns nur mit den Kranken identifizieren und uns immer wieder sagen: Das bin ich, und dieser Jesus ist heute lebendig, er begegnet mir in der Eucharistie leibhaftig. Er schaut mich an, er traut mir etwas zu. Ich lasse ihn an mir handeln, ich lasse mich auf die Begegnung mit ihm ein. Ich lasse zu, dass er mich annimmt, dass er mich berührt und seine Kraft und seine Lebendigkeit in mich einströmen lässt.

Dimensionen, 22ff

Jeder hat seinen Engel

Die Engel, von denen uns die Bibel berichtet, zeigen uns, dass eine heilende Nähe in alle Situationen unseres Lebens hineinreicht. Gott ist nicht nur das ferne und unbegreifliche Geheimnis, sondern er greift in den Engeln konkret in unser Leben ein. Er schickt uns Engel in Menschengestalt, die eine Zeitlang mit uns gehen und uns die Augen öffnen für die eigentliche Wirklichkeit. Er schickt uns Engel, die uns im Traum einen Weg aus der Sackgasse heraus zeigen, die uns im Traum Heilmittel für unsere Seele reichen und uns die Fesseln lösen. Gott hilft uns durch den Engel, der in uns ist, in unserem Herzen, in unseren Gedanken, in den leisen Impulsen unserer Seele. Wenn wir mit der Theologie die Engel als geschaffene Geistwesen verstehen, dann konkretisiert sich in ihnen Gottes heilende Nähe in einer geschaffenen, erfahrbaren Wirklichkeit. In sichtbaren Menschen, in manchmal sich zeigenden Lichtgestalten, in Träumen, die sich tief in unsere Seele einprägen, die wir anschauen und meditieren können, handelt Gott durch seine Engel an uns. Das ist eine tröstliche Botschaft, eine Botschaft, die den fernen und unbegreiflichen Gott hineinholt in unsere Alltagswirklichkeit.

Jeder Mensch hat einen Engel. Das ist die Frohe Botschaft der biblischen Geschichten. Und das ist auch die Erkenntnis der geistlichen Tradition. Jeder Mensch braucht im Haus seiner Seele besondere Räume des Schutzes und des schöpferischen Versunkenseins. Dort wohnen die Engel bei ihm und führen ihn ein in die Leichtigkeit des Seins, in die Zärtlichkeit und Liebe und in die Lust am Leben. Engel beflügeln seine Seele. Sie verleihen seinem Geist Flügel der Phantasie, damit er sich abheben kann von der Banalität des Vordergründigen und sich der Himmel öffnet über der Leere seiner Wüste. Engel vermitteln uns die Erfahrung, dass wir in besonderer Weise geschützt und geborgen sind. Wir sind nie allein gelassen. Engel begleiten uns in alle Situationen unseres Lebens, in die Einsamkeit, in das Gefängnis, in die Angst, in die Depression, in das Grab unseres Selbstmitleids und unserer Resignation, ja bis in den Tod hinein. Engel werden uns auch durch das dunkle Tor des Todes tragen. Sie werden uns ins Licht geleiten, damit wir gemeinsam mit ihnen Gott das ewige Loblied singen.

Engel haben unser Schreien als Kind gehört, als wir verletzt und gekränkt worden sind, als wir uns der Willkür und der Missachtung ausgeliefert fühlten. Engel waren bei uns in unseren Schmerzen, in unseren Ängsten, in unserer Ohnmacht. Von Kindheit an wussten wir den Engel an unserer Seite, ja wir wussten den Engel in uns als Quelle heilender und schützender Kräfte, als Potential des Kreativen, als innere Ressource, als hilfreiche Einfälle. Engel führten uns ein in die innere Welt, in die die Verletzungen der äußeren Welt nicht hineinreichten. Sie vermittelten uns eine Aura der Würde, die uns niemand nehmen konnte. Als Erwachsene können wir anknüpfen an unsere Engelerfahrungen in der Kindheit. Aber wir können unsere Engel nicht mit Kinderaugen anschauen. Wir müssen sie als erwachsene, aufgeklärte Menschen betrachten.

Für mich heißt den Engel im eigenen Leben sehen, dass ich die Fixierung aufgebe auf die Geschichte meiner Verletzungen und Kränkungen, meines Scheiterns und meiner Niederlagen. Mit dem Engel in Berührung kommen heißt für mich, die Engelsspuren in meinem Leben entdecken. In der geistlichen Begleitung durfte ich immer wieder erfahren, wie Menschen Heilung und Befreiung erfahren haben, wenn sie die Engelsspuren in ihrer Lebensgeschichte erkannten und meditierten. Da wuchs ihnen eine andere Kraft zu, eine göttliche Kraft. Da kamen sie in Berührung mit der Dimension des Göttlichen. Und erst im göttlichen Bereich konnten sie der Mensch werden, der sie von ihrem Ursprung her sind. Wenn sie den Engel in ihrem Leben betrachteten, dann wurden sie frei von der bedrängenden Nähe verletzender und missachtender Menschen. In den Engeln erlebten sie Gottes heilende und befreiende Nähe, Gottes hebenden und zärtlichen Hauch, der sie in jedem Augenblick ihres Lebens umweht und einhüllt. Die Begegnung mit den Engeln ließ sie selbst zu Engeln werden für andere. Darin besteht wohl unser aller Berufung, dass wir füreinander zum Engel werden, der den Himmel über dem andern öffnet und ihm Gottes heilende und liebende Nähe vermittelt.

Engel, 153ff

Der Schutzengel

Im Matthäusevangelium sagt Jesus zu seinen Jüngern: „Seht zu: Verachtet keinen einzigen dieser Kleinen! Ich sage euch nämlich: Ihre Engel sehen in den Himmeln jederzeit das Antlitz meines Vaters in den Himmeln“ (18,10).

Mit den Kleinen sind nicht nur Kinder gemeint, sondern die unbekannten, unbeachteten, einfachen Menschen. Jesus sagt nun, dass jeder dieser kleinen und verachteten Menschen einen Engel hat, der das Antlitz Gottes schaut. Diese Bibelstelle hat in der Kirche zur Lehre von einem persönlichen Schutzengel geführt. Die Vorstellung von Schutzengeln gibt es in vielen Religionen. Jesus übernimmt hier die jüdische Vorstellung, aber er führt sie auch weiter. Denn im rabbinischen Judentum sind die Schutzengel auf der Erde und können Gottes Antlitz nicht schauen. Jesus will nun sagen, dass jeder Mensch einen Schutzengel hat, der zugleich Gott schaut. Jeder Mensch steht unter dem besonderen Schutz Gottes, der einen eigenen Boten zu ihm sendet.

Die Kirchenväter haben diese Stelle so interpretiert: Von Geburt an hat jeder Mensch seinen persönlichen Schutzengel. Und die Kirche hat an dieser Lehre bis heute festgehalten. Was heißt das? Offensichtlich ist die Kirche davon überzeugt, dass Gott jedem Menschen einen Engel zur Seite stellt. Ja, manche [frühchristlichen; *Hrsg.*] Kirchenväter lehrten sogar, dass die Engel an der Zeugung eines Menschen beteiligt sind (ORIGENES, TERTULLIAN, CLEMENS VON ALEXANDRIEN). Der Mensch existiert nicht ohne einen Engel, er ist nicht ganz ohne seinen persönlichen Engel. Die Kirchenväter haben nicht nur dem einzelnen Menschen einen Schutzengel zugewiesen, sondern auch den verschiedenen Völkern, ja den einzelnen Gemeinden. In der Offenbarung des Johannes richtet der Seher seine Botschaft jeweils an den Engel der Gemeinde (vgl. Offb 2).

Und so hat jedes Kind seinen Schutzengel. Mir erzählen Erwachsene immer wieder, wie wichtig für sie in der Kindheit die Vorstellung vom Schutzengel war. Er gab Halt mitten in einer unsicheren Welt. Kinder haben ein natürliches Gespür für die Wirklichkeit der Engel. Die französische Kinderanalytikerin FRANÇOISE DOLTO erzählt in ihren Lebenserinnerungen, dass der Umgang mit ihrem Schutzengel ihren Kinderalltag bestimmte. Sie lebte mit ihrem Schutzengel zusammen, als ob er neben ihr wäre: „Wenn ich schlafen ging, legte ich mich nur auf die eine Hälfte des Bettes, um meinem Schutzengel Platz zu lassen, damit er neben mir schlief, und ich ging in meinen Gedanken den Tag durch, der wie immer katastrophal verlaufen war, weil ich angeblich viele Dummheiten machte, aber ich wusste leider nicht, wie ich sie machte, und auch nicht, warum ich sie machte, und das bereitete mir großes Kopfzerbrechen" (in: ELLEN STUBBE, Die Wirklichkeit der Engel in Literatur, Kunst und Religion. Münster/Westf. 1995, 58). Und sie ist davon überzeugt, dass ihr Schutzengel sie ihr Leben lang nicht verlassen habe. Er ist jedes Mal zur Stelle, wenn sie einen Parkplatz sucht. Sie meint: „Ein Kinderschutzengel schläft neben dem Kind. Aber ein Erwachsenenschutzengel wacht immer" (ebd., 58).

Eltern können nicht alle Wege des Kindes bewachen. Je mehr sie das Tun und Lassen ihrer Kinder kontrollieren wollen, desto mehr Angst und Aggression erzeugen sie in ihnen. Und gerade Eltern, die alles kontrollieren wollen, müssen oft erleben, dass genau das eintrifft, was sie befürchtet haben. Da hilft der Glaube daran, dass ein Schutzengel das Kind vor Gefahren bewahrt. Aber was sollen Eltern mit diesem Glauben anfangen, wenn ihr Kind auf dem Schulweg von anderen geschlagen wird oder wenn es gar sexuellen Missbrauch erfährt?

Der Schutzengel ist nicht für alles zuständig. Wir dürfen ihn nicht überfordern. Das, was wir selbst leisten können, sollten wir auch tun. Vor allem sollten wir klug sein und die Realität dieser Welt richtig einschätzen. Und trotzdem bleibt der „Zwischenbereich", der nicht bedacht oder geregelt werden kann. Da ist es hilfreich, wenn Eltern ihre Kinder ihrem Schutzengel empfehlen. Es entlastet sie von der eigenen Sorge. Denn auch mit all ihren Sorgen können sie nicht dafür garantieren, dass das Kind von der Schule oder vom Kindergarten heil heimkommt oder dass es sich beim Spielen nicht verletzt. Wer aus Angst, dass etwas passieren könnte, das Kind vor allen Gefahren zu schützen versucht, der macht das Kind blind für die wirklichen Gefahren. Ein Kind muss ausprobieren, wozu es fähig ist. Und da kann immer etwas passieren, da kann es seine Grenze falsch einschätzen. Das Vertrauen in den Schutzengel und die nötige Vorsichtsmaßnahmen müssen zusammengehen. Wir können nicht erklären, warum Kinder trotz ihrer Schutzengel in Gefahr geraten und darin umkommen. Wir können zu den Schutzengeln beten. Aber wir haben keine Garantie, dass sie eingreifen. Es ist immer auch göttliche Gnade, über die wir nicht verfügen können, wenn wir die Erfahrung machen dürfen, dass uns ein Schutzengel vor einer Gefahr gerettet hat.

Jeder Erwachsene hat wohl schon einmal die Erfahrung gemacht, dass er nahe daran war, in einer Gefahr Schaden zu erleiden. Da hat er auf der Autobahn überholt, ohne das Auto zu sehen, das schon auf der Überholspur fuhr. Es ist noch einmal gut gegangen. Viele sagen dann spontan: „Ich hatte einen guten Schutzengel." Oder er ist auf einen Stau zugefahren und konnte gerade noch bremsen. Oder sein Wagen hat sich überschlagen, und er ist heil ausgestiegen. Das sind alles Gelegenheiten, in denen wir daran glauben, dass uns ein Schutzengel vor Unheil bewahrt hat.

In solchen Augenblicken glauben nicht nur überzeugte Christen an ihren Schutzengel. Da spricht manchmal auch ein Atheist von seinem Schutzengel. Da ahnt er, dass er unter einem größeren Schutz steht, unter einem Schutz, der seiner Macht entzogen ist. So ein Schutzengel schenkt uns Vertrauen, dass wir immer wieder heil ankommen, wenn wir zur Arbeit fahren. Er nimmt uns die Angst vor Aufgaben, die wir zu erledigen haben und die auch misslingen könnten.

Die Vorstellung vom Schutzengel ist so weit verbreitet, dass sie in jeder menschlichen Seele zu finden ist. Die Juden sprechen davon, die Griechen nennen ihn „daimon", die Römer „genius". Auch wenn heute viele nicht mehr an Gott glauben oder sie sich schwer tun, in eine persönliche Beziehung zu Gott zu treten, so glauben sie doch an Schutzengel. Dieser Glaube ist eine Art „suchender Glaube" an Gott. Denn wer vom Schutzengel spricht, weiß, dass er von Gott kommt, dass Gott selbst ihm seinen Schutzengel zur Seite gestellt hat. Wer vom Schutzengel spricht, der muss nicht die ganze christliche Dogmatik bekennen. Er drückt damit eine Erfahrung aus, die er immer wieder macht. Diese Erfahrung öffnet ihn für die Dimension der Engel. Engel sind Geschöpfe Gottes; und in unserer Geschöpflichkeit, in einer konkreten Konstellation von Gefahren, beim Autofahren, bei einem Hausbrand, beim Ausrutschen auf der Straße, zeigt sich in den Schutzengeln Gottes heilende Nähe. Der Engel ist eine Konkretisierung Gottes. In ihm wirkt Gott hinein in unseren Alltag. Diesen göttlichen Widerschein in unserem Leben erkennen heute wesentlich mehr Menschen, als die, die Gott ausdrücklich ihren Vater und ihre Mutter nennen.

Jesus sagt von den Schutzengeln, dass sie das Antlitz Gottes schauen. Jeder Mensch hat durch seinen Engel eine Beziehung zu Gott. Jeder ist gottunmittelbar. Jeder reicht durch seinen Schutzengel in den Bereich Gottes. Er ist nicht beschränkt auf das Sichtbare und Machbare. Er ist von einem Geheimnis umgeben. Er ist nicht allein, wenn er einsam ist. Er ist nicht verlassen, wenn er ohne Begleitung durch den Wald geht. Die religiöse Sprache, die auch in der Postmoderne für viele durchaus möglich ist, würde die Psychologie so übersetzen: Die Vorstellung vom Schutzengel bringt den Menschen in Berührung mit den schützenden und bewahrenden Kräften seines Unbewussten. Sie hilft ihm, besser auf sich selbst aufzupassen und sich angstfreier auf das Leben einzulassen.

Was die Psychologie mühsam erklärt, das ist den meisten Menschen unbewusst klar. Die Menschen leben nicht nur in der Realität ihres kritischen Verstandes, sondern auch im „Zwischenbereich", in dem sie um eine Verbindung von Himmel und Erde, von sichtbarer und unsichtbarer Realität wissen. Und da sie von Kindheit an mit diesem „Zwischenbereich" vertraut sind, verstehen sie unmittelbar die Vorstellungen des Schutzengels. Ohne dass sie kritisch darüber nachdenken, sind sie in der Tiefe ihres Herzens davon überzeugt, dass sie ein Schutzengel begleitet und vor Gefahren bewahrt.

Helmut Hark, evangelischer Pfarrer und Psychotherapeut, arbeitet in seiner Therapie oft mit dem Bild des Schutzengels. In einer therapeutischen Selbsterfahrungsgruppe ließ er die Teilnehmerinnen und Teilnehmer über die persönliche Bedeutung ihres Schutzengels nachdenken. Folgende Antworten kamen da heraus:

„Er behütet auf dem Wege. Er stärkt den Rücken. Er hält Böses von einem fern. Er wirkt in den glücklichen Zufällen. Durch ihn fügen sich die Dinge. Er erscheint in Grenzsituationen. Durch ihn empfange ich Impulse zu guten Taten. Er ist der Zwillingsbruder der Seele. Er ist mein persönlicher Schutzpatron. Durch ihn werde ich manchmal gewarnt. Er ist für mich eine höhere Intelligenz. Er spricht zu mir durch die innere Stimme. Er ist das spirituelle Urbild meiner Seele ... Er inspiriert meine Einbildungskraft. Durch ihn werden heilende Energien wirksam. Durch ihn empfange ich den rettenden Einfall" (in: HARK, Mit den Engeln gehen. Die Botschaft unserer spirituellen Begleiter. München 1993, 141f).

Diese Sätze zeigen, dass auch Menschen, die der Kirche eher fremd sind, heute eine Ahnung davon haben, dass sie nicht allein gelassen sind. In der Vorstellung, dass ein Schutzengel sie begleitet, sie vor Gefahren warnt und rettend eingreift, drückt sich ihr Glaube an Gottes Schutz und Hilfe aus. Gott können sie sich oft genug nicht vorstellen. Aber im Engel, da wird Gott für sie konkret. Da reicht Gott in ihre Alltagswelt hinein. Die Vorstellung des persönlichen Schutzengels wirkt in der Therapie oft stärkend und heilend. So berichtet HELMUT HARK von einer Frau, die immer wieder von starken Suizid-Gedanken bedrängt wurde. In einem Traum sah sie einen Engel, „der ihr ein neues, bisher nicht gekanntes positives Lebensgefühl vermittelte" (ebd., 143). Auf einmal waren die Selbstmordgedanken wie weggeblasen. HARK spricht von den spirituellen Energien des Schutzengels, die oft selbstzerstörerische Lebensmuster durchbrechen und heilen.

Der Glaube an den persönlichen Schutzengel ist mehr als die kindliche Vorstellung eines niedlichen Engels, der mich überallhin begleitet. Wenn wir als Erwachsene an unseren Schutzengel glauben, dann werden wir nicht nur unsere Ängste vor den alltäglichen Gefahren auf der Straße und im Beruf und vor bedrohlichen Krankheiten überwinden. Der Schutzengel wird uns auch das Gefühl vermitteln, dass wir durch unsere persönlichen Krisen gestärkt hindurchkommen. Und wer sich – vielleicht in einer Therapie – mit der Geschichte seiner Verletzungen befasst und manchmal ratlos ist, wie er aus den Verstrickungen der Kindheit herauskommen kann, der wird immer wieder die heilende Wirkung seines Schutzengels erfahren. Das intellektuelle Erfassen unserer Kränkungen macht uns ja noch nicht gesund. Manche verzweifeln dann an sich und ihren lebensgeschichtlichen Belastungen. Der Glaube an den Schutzengel lässt uns darauf vertrauen, dass mitten in diesem therapeutischen Prozess dann etwas wie ein Wunder geschieht, dass da in der Tiefe der Seele eine heilende Kraft aufsteigt, dass ein Engel uns im Traum erscheint und uns eine tiefe Einsicht vermittelt oder dass auf einmal die Angst oder der Selbstmordgedanke verschwindet, ohne dass wir wissen, warum. Der Glaube an den Schutzengel befreit uns von der Fixierung auf die krank machenden Faktoren unserer Lebensgeschichte. Er lässt uns auch die heilenden Energien entdecken, die in uns sind. Der Schutzengel hat uns schon in der Kindheit begleitet und uns bewahrt. Und er ist jetzt bei uns und in uns und wirkt heute schützend und heilend auf uns ein.

Engel, 21ff

Mystische Spiritualität – Kern des Menschen

Die transpersonale Psychologie hat sich in den letzten Jahrzehnten eingehend mit der Mystik und mystischen Erfahrungen beschäftigt. Sie zeigt, dass die Mystik nicht nur ein Weg zu Gott ist, sondern auch zur wahren Freiheit des Menschen. Die transpersonale Psychologie, wie sie heute vor allem in Amerika betrieben wird, hat viele Väter. Da ist vor allem ABRAHAM MASLOW, der eine Psychologie der Motivation entwickelt hat. Zu den Bedürfnissen, die den Menschen motivieren, zählt er neben dem Bedürfnis nach Sicherheit, Besitz, Macht, Gruppenzugehörigkeit, Selbstwertgefühl und Selbstverwirklichung auch die sogenannten Metabedürfnisse, wie das Bedürfnis nach Wahrheit, Schönheit, Güte, nach Bewusstseinserweiterung, nach Einheit mit sich selbst und mit Gott, nach Selbsttranszendenz. Die Metabedürfnisse gehören wesentlich zum Menschen. „Sie gebieten Anbetung und Verehrung und verlangen Opfer. Es lohnt sich, für sie zu leben und für sie zu sterben. Sich in sie zu versenken und mit ihnen zu verschmelzen ist das höchste Glück, dessen der Mensch fähig ist“ (ABRAHAM MASLOW).

Ebenso ist auch das spirituelle Leben ein wesentlicher Bereich des Menschen. „Ohne es ist die menschliche Natur nicht vollständig die menschliche Natur. Es gehört zum wahren Selbst, zur Identität, zum Kern des Menschen“ (MASLOW). MASLOW spricht von den Gipfelerfahrungen, die er mit der mystischen Erfahrung vergleicht: „Der Mensch tritt ein in das Absolute, er wird eins mit ihm, und wenn auch nur für einen kurzen Augenblick. Dieser Augenblick verändert das Leben. Viele haben darüber gesagt, dass in ihm der Geist des Menschen innehalte und dass sich ihm in diesem zeitlosen Augenblick die paradoxe, veränderlich/unveränderliche Natur des Universums erschließe“ (MARSHA SINETAR). Solche Gipfelerfahrungen können wir bei der Geburt eines Kindes machen, in einem Gespräch mit Freunden, beim Versenken in Musik, in der sexuellen Verschmelzung mit einem Partner/einer Partnerin oder wenn unser Bewusstsein ganz klar wird, wenn wir zur reinen Bewusstheit erwachen.

Ein anderer Vater der transpersonalen Psychologie ist der italienische Psychologe ROBERTO ASSAGIOLI, der als Begründer der Psychosynthese gilt. ASSAGIOLI erforscht nicht nur das Unterbewusste, sondern auch das Überbewusste. Wer mit dem Überbewussten in Berührung kommt, der kommt am Grund seiner selbst an, und er erfährt eine Erweiterung seines Bewusstseins: „Die engen Grenzen des isolierten, von seinem Ursprung abgetrennten Ichs werden überschritten, verschwinden für einen Moment, und es entsteht das Gefühl, einem umfassenderen Bewusstsein anzugehören“ (ASSAGIOLI).

ASSAGIOLI spricht vom Erwachen der Seele, vom ersten grellen „Blitz des spirituellen Bewusstseins, der das ganze Wesen transformiert und erneuert“: „Sehr häufig tritt auch das Gefühl der Erleuchtung im Sinne einer Lichtempfindung nicht-irdischen Ursprungs ein, durch welche die ganze Welt in einem neuen Licht erstrahlt und sich in neuer Schönheit darbietet. Dieses Licht lässt auch die Innenwelt erstrahlen und erhellt und zerstreut dabei alle Probleme und Zweifel. Es ist das intuitive Licht eines höheren Bewusstseins. Diese Empfindung ist oft auch begleitet von einem Gefühl der Freude, das bis zum Zustand der Glückseligkeit ansteigen kann. Ein weiteres Merkmal, das damit verbunden sein kann oder auch unabhängig davon auftritt, ist das Gefühl der Erneuerung, der Regenerierung, der Geburt eines neuen Seins in uns. Dann gibt es noch das Gefühl der Wiedererstehung, des Wiederemporsteigens zu einem verlorenen oder vergessenen Zustand“ (in: DERS., Psychosynthese und transpersonale Entwicklung. Paderborn 1992, 29).

ROBERTO ASSAGIOLI kennt verschiedene Symbole für transpersonale Erfahrungen. Ein wichtiges Symbol ist das der Bewusstseinserweiterung, ein anderes das des Erwachens. Der Bewusstseinszustand des normalen Menschen ist oft ein Schlafzustand. Wir werden geprägt durch Illusionen, die wir uns über die Welt und über uns selbst gemacht haben. Wir sind oft genug „die Beute innerer Gespenster, von Abhängigkeiten und Komplexen" (ebd., 103). „Um erwachen zu können, muss man vor allem den Mut aufbringen, der Realität ins Auge zu sehen ... Der erste Schritt besteht deshalb darin, dass wir uns all dessen bewusst werden, was in uns existiert und wirkt. Der zweite Schritt ist dann, zu entdecken, was wir in Wirklichkeit sind: das Selbst, das spirituelle Ich, der Beobachter der menschlichen Tragikomödie" (ebd., 104).

Assagioli meint, viele Menschen würden aus jeder Situation eine Tragödie machen, weil sie zu sehr an ihr Leben gebunden seien. Befreiung wird möglich, wenn man lernt, „die menschliche Komödie aus einer gewissen Distanz von oben her zu beobachten, indem man vermeidet, sich zu sehr emotional darin zu verstricken. Man kann das Leben als ein Schauspiel verstehen, in dem jeder Mensch seine Rolle spielt. Diese sollte man auf bestmögliche Weise spielen, jedoch ohne sich allzu sehr mit der dargestellten Persönlichkeit zu identifizieren" (ebd., 211).

Das Erwachen kann auch als Erleuchtung erlebt werden. Wir sehen in uns selber klar, wir sehen den Dingen auf den Grund und wir nehmen das Licht wahr, „das der menschlichen Seele und der ganzen Schöpfung innewohnt" (ebd., 105). Erleuchtung „ist eine Vision, die die ganze Realität oder große Bereiche von ihr in ihrem Wesen und in ihrer Ganzheit zeigt. Sie ist die Wahrnehmung eines Lichts, das sich von dem Licht, das wir gewöhnlich sehen, unterscheidet und das von der Wirklichkeit selbst ausgestrahlt wird. Diese Art der Erleuchtung kann man als die Enthüllung der immanenten Göttlichkeit verstehen, der Einheit des universellen Lebens" (ebd., 78).

James Bugental, ein anderer Vertreter der transpersonalen Psychologie, sieht das Ziel der Therapie darin, den Menschen zu seiner inneren Heimat zu führen. Das ist auch der Weg der Mystik, wie ihn die christliche Tradition verstanden hat. BUGENTAL schreibt: „Meine eigene Erfahrung und die Erfahrung derer, die ich als Therapeut begleite, überzeugt mich davon, dass ein großer Teil unserer Sorgen und Nöte darauf zurückzuführen ist, dass wir als Verbannte leben, verbannt aus unserer Heimat, der inneren Welt unserer subjektiven Erfahrung“ (aus: DERS., Stufen therapeutischer Entwicklung, in: Roger N. Walsh/Frances Vaughan (Hrsg.), Psychologie in der Wende, München 1985, 216).

„Die wahre Heimat eines jeden von uns ist seine innere Erfahrung. Die eigentliche Mission der Psychotherapie besteht demnach darin, diesen Erfahrungsbereich freizulegen ... Unsere Heimat liegt innen, und dort sind wir souverän. Solange wir diese uralte Wahrheit nicht neu entdecken, und zwar jeder für sich und auf seine Weise, sind wir dazu verdammt, umherzuirren und Trost dort zu suchen, wo es keinen gibt – in der Außenwelt“ (ebd., 217).

Für BUGENTAL ist der Weg zu dieser inneren Heimat die mystische Erfahrung Gottes: „Es gibt ein Wort, das, wie ich glaube, auf unsere unbeschreibbare Subjektivität hinweist – auf das unvorstellbare Potential, das in jedem von uns liegt, auf unsere Sehnsucht nach mehr Wahrheit und Lebendigkeit, auf unser tiefes Empfinden für die Tragödie des Menschseins, auf die endlos attackierte und doch unzerstörte Würde unseres Seins, auf das Gefühl des Wunderbaren, in dem wir ständig leben, wenn wir wahrhaft bewusst sind, und auf unseren Willen, dieses Wunderbare, das Wesen des Menschseins zu erkunden, und dieses Wort ist: Gott. Unsere Gottesahnung entspringt unserer tiefsten Intuition dessen, was letztlich in unserer eigenen Tiefe ist“ (218f).

Mystik, 26ff.36f

Anleitung zum „Jesusgebet"

Das „Jesusgebet" atmet das Vertrauen, dass dieser Jesus Christus in mir ist. Er ist nicht der, der in ferner Vergangenheit gelebt hat, sondern er ist in mir. Die Mönche geben den Rat, beim Einatmen den Atem in das Herz strömen zu lassen und im Atem Christus selbst im Herzen zu spüren. Christus ist in mir. In der Wärme, die der Atem im Herzen erzeugt, kann ich seine liebende und barmherzige Gegenwart erahnen. Das Spüren des Atems im Herzen entlastet den Kopf, der sich normalerweise beim Gebet immer wieder störend meldet und uns mit immer neuen Gedanken in Unruhe versetzt. Im Herzen, das vom Atem warm wird, können wir in Jesus Christus zur Ruhe kommen. Wir begegnen ihm nicht nur in einem kurzen Augenblick, sondern wir bleiben in der Begegnung. So hilft das Jesusgebet, ständig in der Begegnung mit Christus und aus der Beziehung zu ihm heraus zu leben. Mein Herz ist von Christus angerührt. Ich spüre die Wärme in ihm.

So wie der Liebende den Geliebten in seinem Herzen spürt und anders seinen Alltag lebt, so erzeugt das Jesusgebet in uns eine Atmosphäre von Liebe, von Erbarmen, von Wohlwollen, in der es sich gut leben lässt. Der Raum, in dem wir leben, ist kein kalter und einsamer Raum, sondern ein von Jesus Christus bewohnter Raum, ein Raum, der von seiner liebenden und heilenden Gegenwart erfüllt ist und seine zärtliche Intimität atmet. In diesem Raum lebe ich immer aus der Begegnung mit Jesus Christus. Die Begegnung im persönlichen Gebet wirkt nach und prägt auch mein Arbeiten. Und das Jesusgebet erinnert mich ständig an diese Begegnung im Gebet und ruft sie immer wieder wach. Und so wird mein ganzes Leben zu einem Leben aus der Begegnung. In allem, was ich tue und denke, bin ich auf Jesus Christus bezogen, ich bin gebunden, daheim. Aus und in Beziehung leben macht unsere Existenz erst wertvoll.

Beim Ausatmen sollen wir in unserem Atem Jesus Christus selbst den ganzen Leib durchdringen lassen. Der Ausatem strömt nach unten, in den Beckenraum. Wir lassen den barmherzigen Geist Jesu in alle unsere Gefühle dringen, die in den inneren Organen ihren Sitz haben, in Ärger und Enttäuschung, Wut und Bitterkeit, und in unsere Triebe, die für die Griechen im begehrlichen Teil des Menschen, im Unterleib angesiedelt sind. Wenn Christi Geist da überall hinströmt, dann können wir uns mit allem, was in uns ist, aussöhnen. So kann uns das Jesusgebet immer mehr mit Barmherzigkeit und Güte zu uns selbst und zu allen Menschen erfüllen.

Nach dem Ausatmen ist ein kleiner Augenblick, in dem nichts geschieht, in dem wir weder ausatmen noch einatmen. Dieser Augenblick ist für die Lehrer der Meditation ganz entscheidend. Da zeigt es sich, ob ich mich wirklich loslasse und Gott übergebe oder ob ich an mir festhalte. Wenn ich diesen Augenblick nicht aushalte, sondern sofort selber den Atem einziehen will, dann lasse ich mich eben nicht in Gott hinein los. Dieser kostbare Augenblick des reinen Schweigens und reinen Nichtstuns ist der Ort, wo wir uns in die barmherzigen Arme Gottes fallen lassen und darin den Geschenkcharakter unserer ganzen Existenz erahnen.

Und es gibt mir die Gewissheit, dass Jesus Christus selber in mir ist und mit mir geht. Wenn das Gebet in mir ist, ist auch Jesus Christus in mir und bei mir. Und dann lebe ich ständig aus der Begegnung mit ihm. Diese Begegnung gibt meinem ganzen Leben einen anderen Geschmack. Sie hält in alles, was ich tue, etwas von der liebenden Barmherzigkeit Gottes hinein. Sie macht das ganze Leben zu einem beständigen Gebet, zu einer Begegnung mit Gott in meinem Herzen. Das immerwährende Gebet ist dann auf einmal einfach da.

Das Leben aus der Begegnung muss aber ganz konkret eingeübt werden. Es ist uns nicht in den Schoß gelegt. Die Mönche üben es, indem sie das Jesusgebet überall und jederzeit beten. Aber um es immer beten zu können, muss ich es erst einmal an bestimmten Punkten des Tages beten, ich soll es an bestimmte Tätigkeiten knüpfen. Wenn ich z. B. morgens aufwache, soll ich bewusst das Jesusgebet sprechen. Wenn ich aus dem Haus gehe, wenn ich zur Arbeit fahre, wenn ich ein Haus betrete, wenn ich zu Menschen komme, beim Stundenschlag der Turmuhr, beim Klingeln des Telefons, überall könnte ich das Jesusgebet sprechen.

Die äußeren Dinge wären für mich Erinnerungszeichen, die dann mit der Zeit von selbst das Jesusgebet in mir hervorlocken. Wenn mich so die äußeren Dinge an die Gegenwart Jesu Christi erinnern, der sich meiner erbarmt, dann wird mein Leben anders. Es wird nicht mehr geprägt von den äußeren Ereignissen, sondern in allem begegne ich Jesus Christus. Überall und bei allem, was geschieht, lebe ich dann aus der Begegnung mit Christus. Und aus der Begegnung mit Christus heraus begegne ich dann den Menschen und Situationen meines Alltags auf neue Weise. Nicht die äußeren Geschehnisse bestimmen dann meine Gefühlslage, sondern Jesus Christus, dem ich in allem begegne. Die Nähe Jesu drängt die oft aufdringliche Nähe von Menschen oder von Problemen zurück. Und ich kann ihnen dann den Stellenwert geben, den sie brauchen. Ich lasse mich von ihnen nicht erdrücken, sondern ich begegne ihnen mit einem inneren Abstand.

Gebet, 77ff. 82f

4

Ewig junge Lebensweisheit der Bibel

Heil werden – tiefenpsychologisch gesehen

Tiefenpsychologische Bibelauslegung eignet sich am besten für die Auslegung der Heilungsgeschichten. Die Exegeten sind sich heute darüber einig, dass Jesus Kranke geheilt hat. Aber die Frage ist, ob wir Jesus heute zutrauen, dass er uns zu heilen vermag. Eine heilende Bedeutung bekommen die Heilungsgeschichten der Bibel erst dann, wenn wir uns in den Kranken wiederfinden können und wenn wir als diese Kranken Jesus begegnen und uns mit unseren Wunden und Verletzungen ihm hinhalten. Die Krankheiten, die Jesus heilt, sind immer psychosomatische Krankheiten. Sie haben etwas mit unserer Seele zu tun. Bei den Kranken in der Bibel haben sich die seelischen Haltungen somatisiert.

Manchmal spüren wir die gleichen körperlichen Symptome wie die Menschen in den Heilungsgeschichten. Aber auch wenn wir körperlich gesund erscheinen, können wir die Haltungen in uns wahrnehmen, die die biblischen Krankheiten beschreiben. Wir brauchen nur wieder auf die Sprache des Volksmundes hören, die unseren Zustand in den Bildern der Krankheiten beschreibt, die Jesus heilt: Wir fühlen uns oft gelähmt, blockiert. Wir können nicht aus uns heraus. Wir sind gehemmt, die Lähmung fesselt uns. Oder wir sind blind, wir haben blinde Flecken, die wir einfach nicht wahrnehmen. Oder wir verschließen die Augen vor der eigenen Wahrheit und vor der Wahrheit unserer Welt, vor den Notleidenden, vor den Armen und Kranken um uns herum. Wir sind taub, wir wollen nicht hören, wir halten uns die Ohren zu vor dem Lärm um uns herum, aber auch vor Kritik und Zurechtweisung. Wir fühlen uns wie aussätzig, wir können uns nicht ausstehen, wir fühlen uns ausgeschlossen, den Blicken der anderen ausgesetzt [...] Wir sind wie tot, vieles ist in uns abgestorben, starr und leblos geworden.

Die Heilungsgeschichten beschreiben uns unseren Zustand, wie er unter der Oberfläche eines erfolgreichen Lebens schamhaft verborgen ist. Sie wollen uns ermutigen, ehrlich anzuschauen, wie es uns wirklich geht. Von alleine trauen wir uns oft nicht, der Wirklichkeit unseres Herzens ins Auge zu sehen. In den Heilungsgeschichten treffen wir auf Menschen, die genauso krank und verwundet sind wie wir. Und sie werden in der Begegnung mit Jesus geheilt. Nur von der Heilung ihrer Krankheiten her können wir es wagen, auch die eigenen Wunden zu betrachten und sie im Gebet und in der Meditation Christus hinzuhalten, damit er sie heile. Dabei ist es hilfreich, wenn wir genau die Schritte anschauen, mit denen Jesus die Kranken heilt. Sie beschreiben oft Prozesse des Heilwerdens, die bei uns wesentlich länger dauern. Und doch sind sie in ihrer Reihenfolge wichtig. Sie zeigen uns, wie auch bei uns Heilung geschehen kann.

Was für die Heilungsgeschichten gilt, können wir auch für die Totenerweckungen anwenden, die das NT berichtet. Auch da könnten wir etwa beim Jüngling von Nain (Lukas 7,11–17) fragen: Was ist der Jüngling in mir, der leben möchte und nicht leben kann? Was will in mir zum Leben kommen, was will aufblühen? Warum kann es nicht leben, warum ist der Jüngling in mir gestorben? Kann er nicht leben, weil er der einzige Sohn seiner Mutter ist? Wenn ich solche Fragen stelle, reduziere ich die Geschichte von der Totenerweckung nicht auf etwas rein Bildhaftes. Persönlich habe ich keine Schwierigkeiten, an die tatsächliche Erweckung toter Menschen durch Jesus zu glauben. Aber wenn ich nur beim Faktum stehen bleibe, ohne mich selbst in der Geschichte wiederzufinden, bleiben mir die Geschichten fremd. Deshalb ist es legitim, die Totenerweckungen auch bildhaft zu verstehen, damit sie mich hier und heute angehen.

Bei meinen Kursen über tiefenpsychologische Schriftauslegung lade ich die Teilnehmer ein, die Heilungsgeschichten mit folgenden Fragen zu bearbeiten:

1. Welche Krankheit wird hier beschrieben, wie wird sie beschrieben? Welche seelische Haltung drückt sich in der Krankheit aus? Was könnten die psychischen Ursachen sein? Versuche, zu den Bildern der Krankheit zu assoziieren! Welche Bilder und Assoziationen fallen dir ein?
2. Wie weit findest du dich im Kranken wieder? Welche Menschen kennst du, auf die die Beschreibung der Krankheit zutrifft? Was wird in dir selbst angesprochen, welche psychischen Haltungen, welche Erfahrungen?
3. Wie geschieht die Heilung in der Geschichte? Welche Schritte tut der/die Kranke, was tut Jesus? Versuche, die äußeren Schritte als innere zu verstehen!
4. Wie könnte für dich Heilung geschehen? Traust du Jesus zu, dass er dich heilt? Was bedeuten die Schritte der Heilung, wie sie die Geschichte erzählt, für den Prozess deiner Heilung? Wo geschieht für dich Heilung?
5. Versuche, dich mit dem / der Kranken zu identifizieren und mit ihm / ihr ein Gespräch zu beginnen! Und dann sprich mit Jesus über dich und deine Krankheit!

Ich kann die Heilungsgeschichte bei Johannes 5,1–9 so anschauen, dass ich mich – *zuerst* – mit dem Kranken identifiziere und mich in der Meditation oder in der Eucharistiefeier Jesus hinhalte, damit er mich heilt.

Ich kann die Geschichte aber auch – *zweitens* – auf der Subjektstufe deuten. Dann wäre Jesus ein Bild für mein Selbst, für den Teil in mir, der gesund ist und ganz, der mit Gott eins ist. Mein Selbst muss erst in Beziehung kommen zu dem Verkrüppelten und Lahmen in mir, zu dem, was nicht leben möchte und nicht lebensfähig ist. Ich muss das Kranke anschauen und erkennen, was die Ursache meiner Krankheit ist. Ich muss ein Gespräch mit dem Kranken in mir führen. Der kranke Teil in mir darf jammern und seine Not artikulieren. Aber mein Selbst darf sich davon nicht mitreißen lassen. Es braucht den Abstand und muss aus dieser inneren Distanz zu dem Kranken in mir das kraftvolle Wort sagen: „Steh auf, nimm deine Bahre und geh!" Die Heilung wäre dann ein Geschehen in mir selbst. Und Jesus als der Archetyp des Selbst stünde dann für den inneren Heiler, für den Meister in mir, der genau weiß, was für mich richtig ist, für den Arzt in mir, der durch die Begegnung mit dem Arzt Jesus Christus in der Meditation und in der Eucharistiefeier immer wieder hervorgelockt und gestärkt wird.

Die *dritte* Weise, die Heilungsgeschichte anzuschauen, wäre, dass ich mich mit Jesus identifiziere. Jesus zeigt mir meine eigenen Möglichkeiten auf. Indem ich sein Bild betrachte, komme ich in Berührung mit meiner Fähigkeit, für andere der Mensch zu sein, der sie ins Wasser, ins Leben führt, der sie in die eigene Tiefe führt, hin zu den Quellen auf dem Grund der Seele.

Schriftauslegung, 29ff.37f

Zwei Seelen wohnen auch in mir

Die biblische Geschichte von Maria und Marta (Lukas 10, 38–42) ärgert viele Frauen, weil sie meinen, sie würden in der Kirche dazu verurteilt, nur zuhören zu müssen. In der Tradition wurde diese Geschichte immer herangezogen, um die Überlegenheit des kontemplativen Lebens über das aktive zu begründen. Doch wenn wir die Bilder sprechen lassen, dann können wir uns in der Geschichte selbst wiederfinden. Dabei können wir Marta und Maria als zwei verschiedene Menschentypen sehen oder als zwei Seiten in uns selbst.

Jesus ist bei Lukas der göttliche Wanderer, der umherzieht und immer wieder bei Menschen einkehrt, um ihnen göttliche Gastgeschenke auszuteilen. Marta nimmt Jesus in ihr Haus auf. Sie sorgt für Jesus, damit er sich wohlfühlt. Sie zeigt ihm Gastfreundschaft. Der Gast ist in der Antike immer auch der Fremde, der Feind, der durch die Gastfreundschaft zum Freund wird. Der Fremde bringt Neues mit sich. Doch Marta hat gar keine Zeit, auf das Fremde und Neue des Gastes zu hören. Sie sorgt für ihn und legt Jesus damit fest auf die Rolle des Gastes, der es sich bequem machen und sich wohlfühlen soll. Sie fragt gar nicht nach den Bedürfnissen des Gastes, sondern drängt ihn in eine feste Rolle, aus der er gar nicht ausbrechen kann. Und sie sorgt letztlich nicht nur für den Gast, sondern macht sich auch Sorgen über sich selbst und ihre Rolle. Der Gast soll sich bei ihr wohlfühlen, er soll sie als gute Gastgeberin erleben. Sie möchte gut dastehen im Urteil des Gastes […]

Maria lässt sich auf Jesus ein, sie lässt sich von ihm etwas sagen und so verwandeln. Und das lobt Jesus. Das Lob Jesu ist kein Tadel an Marta, sondern eine Bestätigung, dass das Hören besser ist als das Handeln, das dem andern oft genug etwas aufdrängt, was er gar nicht haben möchte. Wir müssen erst hören und auf den anderen horchen, bevor wir für ihn etwas tun. Unser Tun würde sonst nur zur Selbstrechtfertigung, zur Beruhigung unseres schlechten Gewissens dienen, aber nicht auf die Bedürfnisse der anderen antworten.

Oft genug legen wir in unserer Seelsorge die Menschen auf eine ganz bestimmte Rolle fest. Wir halten einen Seelsorgebetrieb aufrecht und meinen, er würde den Erwartungen der Menschen entsprechen. In Wirklichkeit geht er an ihnen vorbei. Aber wir merken es nicht, weil wir nur die Marta leben und Maria verdrängen.

Marta und Maria können auch zwei Seiten in uns sein. Jeder von uns hat eine Marta in sich und eine Maria. Die Marta macht der Maria in uns Vorwürfe, sie will der kontemplativen und empfangenden Seite in uns, die erst warten und hören möchte, Schuldgefühle aufzwingen. Sie hält ihr vor, dass doch so viel zu tun sei, dass in unserer unheilschwangeren Welt keine Zeit zum nutzlosen Verschwenden, zum nur Dasitzen sei. Da muss man die Ärmel hochkrempeln und anpacken. Die Vorwürfe der Marta in uns klingen plausibel. Da brauchen wir den Herrn, da brauchen wir die Instanz des Selbst in uns, die diese Vorwürfe entkräftet, die sie als Rationalisierung entlarvt.

Wenn man die Geschichte auf der Subjektstufe auslegt, dann ist sie ein schönes Bild für unseren inneren Zustand und für gelungene Menschwerdung. Das Haus ist in den Träumen ja immer ein Bild für unser Bewusstsein. Im Haus unseres Lebens wohnen Marta und Maria, zwei Pole in uns, die oft genug friedlich zusammenleben, die aber einander widerstreiten, sobald ein Fremder eintritt. Wir können sie allein nicht zusammenbringen. Da braucht es Christus, da braucht es die Instanz des Selbst, die die auseinander strebenden Pole in uns verbindet. Die Verbindung geschieht im Gespräch. Marta muss mit Maria ins Gespräch kommen, um sie verstehen und akzeptieren zu können. Aber das Gespräch muss zugleich über Christus, über das Selbst gehen, damit es fruchtbar wird. Ohne Christus, als die innere Mitte in uns, würden die entgegengesetzten Pole in uns im Streit verharren.

Schriftauslegung, 80ff

Gott träumt den Menschen

Gott hatte einen Traum. Er träumte die Schöpfung. Und er schuf sie. Er schuf den Himmel und die Erde, die Blumen und Gräser, die Bäume und Wälder, die Berge und Hügel, die Flüsse und das Meer, die Fische und Vögel, die Insekten und die Säugetiere. Aber es fehlte Gott etwas an seinem Traum. Da träumte er den Menschen, der nach seinem Bild und Gleichnis geschaffen ist. Er schuf den Menschen als Mann und Frau. Doch der Mensch verdunkelte das Bild, das Gott sich von ihm gemacht hatte. Er entfremdete sich von Gott. Er lief vor Gott davon, aber auch vor sich selber. Er trennte sich von seinem eigenen Ursprung. Er lebte nicht vor Gott, sondern versteckte sich vor ihm. Er verkrümmte sich in sich selbst. Er verschloss die Türen seines Herzens und ließ Gott nicht mehr bei sich eintreten. Er gab nicht nur die Gemeinschaft mit Gott auf, sondern wandte sich auch gegen sich selbst und gegen seine Brüder und Schwestern. Er geriet auf Abwege, verstrickte sich im Dickicht seiner eigenen Lügen.

Da träumte Gott seinen Traum von neuem. Er träumte, wie der Mensch eigentlich gedacht war. Und er verwirklichte seinen Traum, indem er einen neuen Anfang setzte. Er ließ seinen eigenen Sohn, das Bild seiner Herrlichkeit,

Mensch werden. „Der Einzige, der Gott ist und am Herzen des Vaters ruht“ (Johannes 1,18), er sollte Mensch werden und das Urbild des Menschen wieder herstellen. Er sollte den Menschen vor Augen führen, wie sie sein könnten, wenn sie aus der Einheit mit Gott heraus lebten. Er sollte sie an ihren göttlichen Ursprung erinnern, an den göttlichen Kern, den sie noch in sich trugen, aber den sie – fern von Gott – verdunkelt hatten. An Weihnachten feiern wir den Traum Gottes, wie er in Jesus Christus sichtbar geworden ist. Wir feiern den Menschen, wie er in seinem reinen Wesen in Jesus aufgeleuchtet ist.

Weihnachtlich, 3f

Eine Geburt in der Fremde

Lukas schildert uns die Geburt Jesu als Geburt auf dem Wege, als Geburt in der Fremde. Lukas ist Grieche. Er versteht die Menschwerdung Gottes in Jesus Christus nach Art und Weise der Griechen. Für ihn ist Jesus der göttliche Wanderer, der vom Himmel herabkommt, um mit uns zu wandern und uns immer wieder an unseren göttlichen Kern zu erinnern. Er vermittelt uns, dass wir nicht nur Menschen dieser Erde sind, sondern zugleich Menschen des Himmels, die wie Jesus auf dem Weg sind, bis auch wir in den Himmel aufgenommen werden. Das Bild der Wanderschaft taucht schon bei der Geburt Jesu auf. Die Eltern müssen sich auf Wanderschaft begeben. Aus Nazaret, ihrer Heimat in Galiläa, müssen sie sich aufmachen, um sich in Betlehem in die Steuerlisten eintragen zu lassen. Und dort erfahren sie das Schicksal der Fremden: Es ist kein Platz für sie in der Herberge. Die Häuser der Menschen sind für sie verschlossen.

Die Geburt Jesu in der Fremde ist für Lukas ein Bild für unser Menschsein. Wir leben hier auf der Erde, aber wir sind hier letztlich nicht daheim. Unsere Heimat ist im Himmel. Die Häuser der Menschen sind zu eng für uns. Das Haus unserer Seele ist weiter. In uns wohnt Gott, der in keine menschliche Wohnung eingezwängt werden kann. Aber dort, wo Gott in uns wohnt, dort ist Heimat. Die Fremde, die Lukas so drastisch schildert, wird auf einmal zum Mittelpunkt der Welt. Engel erscheinen und singen das Lob von Gottes Herrlichkeit und das Lied vom Frieden, der auf Erden entsteht, wenn Gott in uns Raum findet. An Weihnachten schmücken wir unsere Häuser, um auszudrücken, dass unsere Fremde zur Heimat geworden ist, weil Gott selbst unter uns wohnt, ja, weil Gott in uns selber geboren werden will. Wenn Gott bei uns ist, dann können wir bei uns zu Hause sein, dann öffnet sich der Himmel über der Erde, dann berühren sich Himmel und Erde gerade dort, wo wir sind.

Weihnachtlich, 8f

Bei den Tieren geboren, im Stall

Jesus wurde im Stall geboren, „weil in der Herberge kein Platz für sie war“ (Lukas 2,7). Seit dem Mittelalter haben die Künstler mit Vorliebe den Stall dargestellt, in dem Jesus geboren wurde. Offensichtlich hat sie das Bild des Stalles sehr bewegt. Auch für den Schweizer Psychologen C. G. Jung war der Stall ein wichtiges Symbol. Er meinte, der Mensch solle immer daran denken, dass er nur der Stall ist, in dem Gott geboren wird, und nicht der Palast, den er Gott gerne anbieten möchte. Dort, wo die Tiere aufgestellt sind, dort findet die Geburt Jesu statt. Wo die

Menschen wohnen, wo sie sich daheim fühlen, dort sind die Türen verschlossen.

Stall, das steht für den Bereich in uns, in dem die Tiere wohnen, d. h. die Instinkte, die Triebe, die Vitalität, die Sexualität. Diesen „tierischen" Bereich möchten wir am liebsten vor uns selbst und vor den Menschen verstecken. Wir genieren uns davor. Denn diesen Bereich haben wir nicht im Griff. Er ist nicht sauber. Er riecht nicht angenehm. Er ist nicht chemisch gereinigt. Auch wenn er geputzt wird, erinnert der Stall noch an Kot und Urin. Das möchten wir lieber nicht anschauen. Das ist uns peinlich. Aber gerade dort will Gott in uns geboren werden.

Wir finden Gott nicht in erster Linie dort, wo wir arbeiten, wo wir uns häuslich einrichten, wo wir andere Menschen einladen, sondern in unserem Stall. Das verlangt von uns die Haltung der Demut. Wir brauchen den Mut, den eigenen Stall für Gott zu öffnen. Nur wenn wir alles, was in uns ist, Gott hinhalten, wird Gott in uns einziehen. Er begnügt sich nicht damit, nur in unseren fein geputzten Gästezimmern zu wohnen. Er will auch in unsere Tiefe hinabsteigen. Er möchte auch unsere Dunkelheiten erleuchten. Auf den Weihnachtsbildern erhellt das Licht, das vom göttlichen Kind ausgeht, den Stall und taucht alles in ein mildes Licht. Dort, wo das göttliche Kind liegt, darf alles sein, dort wird alles menschlich, gütig und gut.

Weihnachtlich, 11ff

Auferstehungsgeschichten

Die tiefenpsychologische Deutung der Auferstehungsgeschichten darf die Auferstehung nicht auf etwas rein Innerliches und Subjektives reduzieren. Aber sie nimmt ähnlich wie die frühen Kirchenväter die Auferstehung Jesu doch auch als Bild für unsere eigene Auferstehung, für unser Aufstehen aus dem Grab.

Der Stein, der vom Grab weggewälzt wird, wird da zum Bild für die Steine, die uns blockieren und uns vom Leben abhalten. Oft liegt ein Stein gerade dort auf uns, wo etwas zum Leben kommen möchte. Aber wegen des Steines kann es nicht aufblühen. Manchmal sind es Menschen, die uns einengen und nicht leben lassen. Manchmal sind es Ängste, Hemmungen, Feigheit, die Unfähigkeit, sich selbst anzunehmen, die uns blockieren. Manchmal sind es auch traumatische Erfahrungen, die auf uns liegen. Sie waren so schlimm, dass wir sie gar nicht anschauen konnten. So sind sie zu einem Stein erstarrt, der uns vom Leben abhält. Auferstehung heißt nun, dass Gott den Stein von uns wegwälzt, damit das Leben in uns zur Blüte kommen kann. Vielleicht sind es auch Engel, die den Stein wegrollen, Menschen „in leuchtenden Gewändern" (Lukas 24,4), Menschen, die durchsichtig sind für Gott, die etwas von Gottes Güte und Barmherzigkeit ausstrahlen [...]

Für die tiefenpsychologische Auslegung der Auferstehungsgeschichten könnten uns folgende Fragen helfen:

1. Was sind die Bilder, in denen die Auferstehung oder die Begegnung mit dem Auferstandenen beschrieben wird? In welchen Bildern wird der Tod, in welchen das Leben, die Befreiung zum Leben dargestellt?
2. Versuche, zu den Bildern zu assoziieren und die Bilder weiter auszumalen, dich selbst in den Bildern wiederzufinden. Beschreibe dein Leben, deine Befreiung zum Leben in diesen Bildern!
3. Wo und wie geschieht nach der Geschichte Auferstehung, und wo und wie geschieht für dich Auferstehung? Wo und wie kannst du dem Auferstandenen begegnen? Wie kannst du Auferstehung in deinem Alltag erfahren?

Es ist eine Liebesgeschichte, in die Johannes die Begegnung zwischen dem Auferstandenen und Maria von Magdala (Johannes 20,1–18) kleidet.

Frühmorgens, als es noch dunkel war, kommt Maria Magdalena ans Grab. Das erinnert an die Worte des Hohenliedes: „Des Nachts auf meinem Lager suchte ich ihn, den meine Seele liebt. Ich suchte ihn und fand ihn nicht. Aufstehen will ich, die Stadt durchstreifen, die Gassen und Plätze, ihn suchen, den meine Seele liebt. Ich suchte ihn und fand ihn nicht. Mich fanden die Wächter bei ihrer Kunde durch die Stadt. Habt ihr ihn gesehen, den meine Seele liebt? Kaum war ich an ihnen vorüber, fand ich ihn, den meine Seele liebt. Ich packte ihn, ließ ihn nicht mehr los“ (Hld 3,1–4).

Auferstehung widerfährt nur dem, der liebt. Maria Magdalena ist nach der Deutung der Tradition die Sünderin, die Jesus viel geliebt hat, eine leidenschaftliche Frau, die nun zur Apostolin der Apostel werden darf. Offensichtlich war ihre leidenschaftliche Liebe die Bedingung dafür, dass sie verstehen kann, was Auferstehung heißt [...]

Sie kommt noch in der Dunkelheit zum Grab und sieht, „dass der Stein vom Grab weggenommen war“. Sie läuft sofort zurück zu Petrus und dem Jünger, den Jesus liebte. Und sie sagt den Satz, den sie dreimal wiederholt in dieser Geschichte: „Man hat den Herrn aus dem Grab weggenommen, und wir wissen nicht, wohin man ihn gelegt hat.“ Den, den sie geliebt hat, hat man nicht nur getötet, man hat sogar seinen Leichnam gestohlen, man hat ihn ihr ganz und gar genommen. Sie will ihn wiederhaben, mit ihren Händen berühren. Petrus und der Lieblingsjünger laufen nun zum Grab. Johannes, der Mann mit einem liebenden Herzen, läuft schneller. Die Liebe ist schneller als der Verstand und als der Wille, den Petrus repräsentiert.

Johannes lässt Petrus dann den Vortritt. Petrus geht ins Grab und sieht alles aufgeräumt, die Leinenbinden und das

Schweißtuch, das zusammengebunden an einer besonderen Stelle liegt. Alles wird wahrgenommen, aber nichts verstanden. Johannes dagegen sieht und glaubt.

Der Verstand kann Auferstehung nicht verstehen, nur die Liebe glaubt an ihre Möglichkeit. Johannes glaubt, aber er begegnet dem Auferstandenen nicht. Das bleibt Maria Magdalena vorbehalten, der leidenschaftlichen Frau, die viel gesündigt, aber auch viel geliebt hat. Es ist eine mutige Theologie, die die Sünderin zur ersten Zeugin der Auferstehung werden lässt. Es ist eine tröstliche und barmherzige Botschaft, die die frühe Kirche im Johannesevangelium bezeugt. Sie zeugt von einem weiten Herzen, weiter jedenfalls als die Herzen der späteren Moralprediger, die vor allem auf die Sündenreinheit pochten.

Maria, die leidenschaftlich liebende Frau, steht draußen vor dem Grab und weint. Weinend beugt sie sich in die Grabkammer hinein. Sie sieht zwei Engel in weißen Gewändern sitzen. Aber ihre Trauer ist so groß, dass das Licht der Engel nicht in sie eindringen kann. Die Engel ergreifen die Initiative und fragen sie: „Frau, warum weinst du?“ Sie sprechen sie in ihrer Trauer an. Und wieder klagt Maria mit den gleichen Worten: „Man hat meinen Herrn weggenommen, und ich weiß nicht, wohin man ihn gelegt hat.“ Sie sieht nur auf den, den sie sucht, den sie festhalten will, und sie ist blind für das Licht der Auferstehung, das schon leuchtet.

Sie dreht sich um und sieht Jesus. Aber sie erkennt ihn nicht. Ja, selbst als Jesus sie liebevoll anspricht: „Frau, warum weinst du?“, erkennt sie ihn nicht. Sie ist so tief in ihrer Trauer gefangen, dass sie den, den ihre Seele liebt, nicht wahrnehmen kann. Sie bittet ihn: „Herr, wenn du ihn weggebracht hast, sag’ mir, wohin du ihn gelegt hast. Dann will ich ihn holen.“

Erst als Jesus sie mit ihrem Namen anspricht: „Maria“, als er mit dem Wort der Liebe ihr ins Herz trifft, da erkennt sie ihn. Berührt von seiner Liebe, die sie einst geheilt und ihr wieder ihre unantastbare Würde geschenkt hat, antwortet sie, indem sie ihn mit dem vertrauten Namen anredet: „Rabbuni, mein Meister."

Wenn wir das Geschehen tiefenpsychologisch deuten, können wir Petrus, Johannes und Maria von Magdala als drei Personen, als drei Typen sehen. Und wir können die Bedingung dafür erkennen, dass wir die Auferstehung erfahren und dem Auferstandenen begegnen können.

Nicht Verstand und Wille, sondern die Liebe kann Auferstehung verstehen. Aber auch die Liebe des Johannes genügt nicht. Es braucht die leidenschaftliche Liebe Marias. Und es braucht die Schritte der Trauer, die Maria durchlebt, um dem Auferstandenen begegnen zu können. Maria steigt in das Grab ihrer Traurigkeit hinein. Sie lässt sich vom Verlust des Geliebten betreffen, sie durchleidet ihn. Trauernd und verzweifelt weint sie. Und im Weinen wird sie offensichtlich fähig, sich von dem ansprechen zu lassen, den ihre Seele liebt, von Jesus, der den Tod besiegt hat.

Das Wort der Liebe, das er während seines Lebens immer wieder Maria zugesagt hat, überdauert den Tod, es trifft sie jetzt von jenseits des Todes. Jesus, der zum Vater auffährt, spricht Maria mit dem gleichen Liebeswort an. Die Liebe ist stärker als der Tod. Aber das kann nur eine Liebe erfahren, die wie Maria von Magdala den Verlust des Geliebten durchleidet und ins Grab der Trauer hinabsteigt. Auf dem Höhepunkt ihrer Trauer und Ohnmacht, den Geliebten zu finden, kann sie der Geliebte ansprechen, da durchbricht sein Wort der Liebe die Mauer zwischen Leben und Tod.

Wir können Petrus, Johannes und Maria von Magdala auf der Subjektstufe als drei Anteile in uns sehen. Dann will uns die Geschichte darin bestärken, dass wir der Maria-in-uns trauen, die allein fähig ist, dem Auferstandenen zu begegnen. Maria, das ist die anima in uns, die leidenschaftlich zu lieben vermag, die aber auch leidenschaftlich trauern kann, wenn sie verwundet wird. Der animus in uns schützt sich gegen Wunden und kann so auch nicht für eine Liebe aufgebrochen werden, die den Tod besiegt.

Tiefenpsychologische Schriftauslegung ist für mich eine Weiterführung der spirituellen Bibelauslegung, wie sie ORIGENES [Kirchenschriftsteller, 3. Jh.] entwickelt hat und wie sie in der Tradition des [frühen] Mönchtums immer geübt worden ist. Der tägliche Umgang mit der Schrift, für den BENEDIKT drei Stunden pro Tag reserviert hat, war für die Mönche nur fruchtbar, weil sie sich in den Bildern der Schrift wiedergefunden haben und weil sie sich in den biblischen Worten und Bildern vom lebendigen Gott immer wieder neu ansprechen ließen. Die Mystiker aller Zeiten haben dabei einen sehr freien Umgang mit der Schrift gepflegt. Sie haben immer in Bildern gedacht. Und sie hatten keine Probleme, die Bilder immer wieder neu auf das eigene Leben hin auszulegen. Nur wenn der Zusammenhang mit der geistlichen Tradition gewahrt wird, kann die tiefenpsychologische Auslegung für uns zum Segen werden. Wenn sie zur einzig möglichen Auslegungsmethode erklärt wird, verliert sie den Blick für die Wirklichkeit.

Psychologie ist ein wichtiger Bereich unseres Lebens. Wir müssen uns ihr stellen. Aber genauso wichtig sind die sozialen und politischen Verhältnisse. Daher ist etwa in Lateinamerika eine politische Sicht der Bibel eher angebracht als eine psychologische Auslegung. In Europa stehen wir in einer philosophischen Tradition. Wir müssen mit der Bibelauslegung auch unseren Verstand befriedigen. Deshalb erfüllt die historisch-kritische Methode eine wichtige Funktion. Sie liefert unserem Verstand wertvolle Informationen. Nur, wenn wir beim Verstand stehen bleiben, wird es gefährlich, denn dann verlieren wir den Kontakt zum Leben der Seele. Die tiefenpsychologische Auslegung eröffnet uns neue Horizonte. Sie ermutigt uns, uns den Bildern zu stellen und durch die Bilder hindurch dem zu begegnen, von dem allein wir alles Heil erwarten: Jesus Christus, dem Mittler zum Vater, dem Sohn Gottes, durch den Gott selbst zu uns spricht, um uns von aller Angst zu befreien und uns von unseren Wunden zu heilen.

Schriftauslegung, 92ff. 99ff. 104f

Wandlungsgeschichten

Wenn wir nach Wandlungsgeschichten in der Bibel suchen, dann stoßen wir auf Heilungsgeschichten und auf Szenen der Begegnung. Jede Begegnung verwandelt, etwa die Begegnung Jesu mit den ersten Jüngern oder mit den Emmausjüngern. Ich gehe aus einer Begegnung anders heraus, als ich in sie hineingegangen bin. Es geschieht etwas mit mir. Es kommt etwas in Bewegung, es wandelt sich etwas. In den Heilungsgeschichten wird die verwandelnde Kraft der Begegnung am deutlichsten. Da richten sich enttäuschte und resignierte Menschen durch die Begegnung mit Jesus wieder auf, da bekommen Blinde den Mut, ihre Augen zu öffnen und der Wahrheit ins Auge zu sehen. In den Heilungsgeschichten verwandelt Jesus bei den Kranken, die ihm begegnen, Resignation in Hoffnung, Zerrissenheit in Ganzheit, Selbstablehnung in Selbstannahme, Blindsein in Sehen, Taubsein in Hören, Stummsein in Sprechen, Lähmung in Lebendigkeit, Gefangensein in Freiheit. Ich möchte hier jedoch nicht die schon oft interpretierten Heilungsgeschichten behandeln, sondern neben einer alttestamentlichen Szene drei Geschichten, die den drei zentralen Festen des Kirchenjahres entsprechen, Weihnachten, Ostern und Pfingsten, und zwei Bilder, die die Verwandlung unseres Alltags durch Gebet und Askese beschreiben.

Lukas 24,1–12: Verwandlung des Todes

Auferstehung ist die Verwandlung schlechthin. Da verwandelt Gott den Tod in das Leben, die Dunkelheit in Licht, Angst in Vertrauen, das Grab in den Ort der Engel. Weihnachten, Ostern und Pfingsten sind je auf eigene Weise Feste der Verwandlung. Die Menschwerdung Gottes vergöttlicht unser Leben, die Auferstehung verwandelt das, was in uns erstarrt und erstorben ist, zu neuem Leben, und der Heilige Geist vollendet an Pfingsten die Verwandlung, die an Ostern in uns begonnen hat. Viele andere Feste des Kirchenjahres könnte man ebenfalls als Feste der Verwandlung feiern, vor allem die Heiligenfeste, die uns jeweils auf neue Weise zeigen, wie Menschen von Gottes Geist verwandelt werden.

Gehen wir der Auferstehungsgeschichte nach, wie sie uns Lukas überliefert. Da gehen Frauen frühmorgens mit wohlriechenden Salben zum Grab. Sie möchten den geliebten Toten einbalsamieren. Sie möchten ihn für immer schön herrichten, für immer in guter Erinnerung halten. Doch Jesus lässt sich nicht einbalsamieren, er lässt sich nicht festhalten. Er ist auferstanden. Das erste Zeichen seiner Auferstehung ist der Stein, der vom Grab weggewälzt ist.

Der *Stein*, der das Grab behütet, ist ein Bild für die vielen Steine, die auf uns liegen. Da liegt gerade dort ein Stein auf uns, wo etwas in uns leben und aufblühen möchte, und er hindert uns am Leben. Er verhindert, dass unsere Ahnungen von Leben, die immer wieder in uns auftauchen, Wirklichkeit werden. Er blockiert uns, hält uns davon ab, aufzustehen, aus uns herauszugehen, auf andere zuzugehen. So ein Stein kann die Sorge für unsere Zukunft sein, oder auch für die Zukunft dieser Erde. Es kann die Angst sein, die auf uns lastet, die Angst vor dem Versagen, die Angst, das zu sagen, was wir spüren, weil wir uns blamieren könnten, weil wir die Zuwendung und Bestätigung der andern verlieren könnten.

Der Stein kann die Unsicherheit und Hemmung sein, die uns nicht ausbrechen lassen. Aber auch andere Menschen können als Stein auf uns liegen. Sie können uns im Weg liegen als Stolpersteine, sie können uns aber auch das Tor zum Leben versperren. Wenn ein Stein auf unserm Grab liegt, vermodern und verwesen wir darin. Solange wir unsere tiefsten Gefühle und Bedürfnisse im Grab verschließen, solange werden wir vom Leben ausgeschlossen. Was da aber in unserem Grab verfault, das wirkt sich mehr und mehr auch in unserem bewussten Leben aus, das verbreitet einen üblen Geruch bis in unseren Leib hinein.

Der erste Schritt, wie wir selbst die Verwandlung der Auferstehung an uns erfahren können, besteht darin, in das Grab einzutreten. Wie die Frauen müssen wir in das Grab unserer Angst und unserer Traurigkeit hineinsteigen, in das Grab unserer verdrängten Wünsche und Bedürfnisse, unserer Dunkelheit, unserer Resignation und unseres Selbstmitleids, in das Grab unseres Schattens, in dem wir alles vergraben haben, was wir vom Leben abgeschnitten haben. Wir können aber nur deshalb in unser Grab hineinsteigen, weil es Gott in der Auferstehung Jesu bereits geöffnet hat. Es ist nicht mehr der Ort des Schreckens und der Angst. In unserem Grab, so sagt Lukas, finden wir mit den Frauen zwei Männer in leuchtenden Gewändern. Sie verkünden, dass Jesus auferstanden ist, dass er unser Grab verwandelt hat. Wenn wir tief genug in unser Grab hineingehen, werden wir auf seinem Grund diese lichtvollen Boten entdecken, die uns auf das göttliche Leben hinweisen, das aus dem Grab emporgestiegen ist.

Grab meint alles, was wir vom Leben ausgeschlossen haben, was wir verdrängt haben, weil es uns zu unangenehm war oder mit unserem Selbstbild nicht zusammengepasst hat. In unserm Grab liegen unsere verdrängten Aggressionen und Bedürfnisse, unsere unterdrückten Gefühle und Wünsche. Wenn wir mit den Frauen hineinsteigen in das Grab unserer Traurigkeit und Angst, unserer verdrängten Lebensimpulse, und wenn wir mit unserer Traurigkeit, mit unserer Angst, mit unseren verdrängten Gefühlen und Antrieben sprechen, dann werden sie sich in leuchtende Boten verwandeln, die uns den Weg zum wahren Leben weisen, die uns auf den Schatz hinweisen, der in uns vergraben liegt.

Die *Engel* der Auferstehung stehen schon mitten in unserem Grab. Sie verkünden uns, dass gerade dort, wo wir nur Totes sehen, Leben aufblüht, dass Gott alles in uns schon verwandelt hat. Wir brauchen diese Boten Gottes, damit wir in unserem Grab schon das Leben entdecken. Ohne sie blieben wir fixiert auf die Dunkelheit und Starre unseres Herzens. Menschen, aus denen das Licht Gottes leuchtet, erhellen uns unser Grab. Wir können nur in unser Grab hineinsteigen, weil wir wissen, dass uns dort diese Boten erwarten. Das können spirituelle oder therapeutische Begleiter sein, die uns die Augen öffnen, dass in unserm Grab das Leben schon auferstanden ist, dass auf dem Grund unseres Herzens Gott das Tote schon in Leben verwandelt hat. Es können aber auch innere Engel sein, die Gott uns im Gebet geschickt hat.

Der Glaube an die Auferstehung befreit uns von dem Leistungsdruck, als ob wir alles selbst verwandeln müssten. Er befreit uns auch von dem schlechten Gewissen, wenn wir uns trotz Ostern nicht österlich fühlen, wenn wir trotz geöffnetem Grab uns immer noch traurig und resigniert erleben. Mitten in unserem Grab ist schon Auferstehung geschehen, da ist schon alles verwandelt, auch wenn wir es noch nicht spüren. Wenn wir mit den Frauen in das Grab unserer eingekerkerten Gefühle und Bedürfnisse hineinsteigen, dann werden die Engel uns mitten in unserem Grab verkünden, dass Christus auch in uns schon auferstanden ist.

Die beiden Gottesboten reden die erschrockenen Frauen an: „Was sucht ihr den Lebenden bei den Toten? Er ist nicht hier, er ist auferstanden" (24,5). Wir begegnen zwar in unserem Grab den Engeln der Auferstehung, aber nicht dem Auferstandenen selbst. Um ihn zu finden, müssen wir aus dem Grab heraustreten und in die Stadt gehen. Wir finden den Auferstandenen nicht in unserer Vergangenheit, nicht im ständigen Kreisen um vergangene Wunden und Verletzungen. Wir müssen in das Grab unserer Vergangenheit hineinsteigen, wir müssen uns ihr stellen, aber wir dürfen uns nicht darin einrichten. Auferstehung ist die Verwandlung der eigenen Vergangenheit. Auferstehung meint Aufstehen mitten aus den Verletzungen und Verwundungen meiner Vergangenheit, Aufstehen aus meiner Empfindlichkeit und Angst, Aufstehen aus dem Grab meiner Traurigkeit und meines Selbstmitleids. Auferstehung ist der Glaube daran, dass Gott mich ganz und gar neu machen kann, dass er meine Vergangenheit in neues Leben verwandeln kann. Ich muss nicht alles selbst aufarbeiten bis auf den Grund, ich muss hineinsteigen in mein Grab, aber dann darauf vertrauen, dass Gott mein Grab verwandelt, dass Gott auch das Tote und Starre, das Abgewürgte und Getötete, das Gekreuzigte und Verhinderte, auferwecken wird.

Manche suchen auch heute noch den Lebenden bei den Toten, wenn sie ihn in der Tradition suchen, im Festhalten vergangener Formen und Lehren, im Konservieren toter Normen und Prinzipien. Wir finden den Lebenden nicht bei den Toten, nicht in toten Lehren, nicht in toten Buchstaben des Gesetzes. Christus ist keine starre Norm, sondern ein lebendes Vorbild. Er bricht gerade die engen Fesseln pharisäischer Normen und schenkt uns befreiendes Leben. Normen und Prinzipien können uns vom Leben abhalten und ausschließen. Auferstehung ist der Aufstand gegen alle Hindernisse des Lebens, gegen alles, was Leben einengt, kreuzigt und vernichtet.

Die göttlichen Boten erinnern die Frauen an die Worte, die Jesus während seines Lebens zu ihnen gesprochen hat, dass er ausgeliefert und gekreuzigt werde, am dritten Tage aber auferstehen werde. Die Erinnerung ist kein Festhalten. In der Erinnerung wird der lebendige Christus in ihnen wieder wach. Und als sie sich an seine Worte und in seinen Worten an ihn selbst erinnern, da steigen sie aus dem Grab und kehren in die Stadt zurück, um dort den Jüngern alles zu verkünden.

In unserer Stadt, mitten in unserem Alltag, in unserer Arbeit, in unseren Beziehungen, in unserem Miteinander, da werden wir dem Auferstandenen begegnen. Die Auferstehung will unsere Stadt verwandeln. Für die Frauen, die ins Grab hineingestiegen und dort den Männern im Licht begegnet sind, hat sich auch die Stadt verwandelt. Der Glaube an die Auferstehung, die große Verwandlung unseres Lebens, wird uns den Blick schärfen, dass auch wir mitten in unserer Stadt Auferstehung immer wieder erleben dürfen. Da kommen auf einmal verfahrene Beziehungen wieder in Gang, da brechen innere Blockaden auf, da halten uns unsere Ängste nicht mehr vom Leben ab. Da erleben wir Menschen, die wir aufgegeben und tot geschrieben haben, auf neue Weise. Da entdecken wir auch in ihnen den Schatz, der in ihnen vergraben ist. Da leuchtet uns aus ihren leeren Augen neues Licht entgegen. Da verliert unsere Arbeit das Eintönige und Nervtötende, da bekommen wir auf einmal Phantasie, da haben wir Lust daran, etwas zu gestalten und zu formen. Da kommt auf einmal das Gespräch, das längst verstummt ist, wieder in Gang. Wir reden nicht mehr aneinander vorbei, sondern erzählen von uns und unseren Erfahrungen. Und so wird Gemeinschaft möglich. Mauern zwischen uns reißen ein, Nähe, Offenheit, Begegnung werden erfahrbar.

Aber so leicht gelingt Auferstehung mitten in unserer Stadt nicht immer. Die Apostel halten alles, was ihnen die Frauen erzählen, für Geschwätz, für Weibergeschwätz. Sie trauen ihnen nicht, sie trauen nur ihrem eigenen Denken, ihren eigenen Argumenten. Die Frauen stehen hier wieder für unsere anima – für unsere weiblichen Seiten – und sie stehen für unsere Seele, für die inneren Ahnungen, die wir haben, für die Ahnungen von neuen Möglichkeiten, für die Ahnung, dass echte Beziehung, Zärtlichkeit, Intimität, Ehrlichkeit, Offenheit, Echtheit möglich sind. *Auferstehung* meint, dass wir den Frauen in uns trauen, dass wir der inneren Stimme trauen, die uns auffordert, auf einen andern zuzugehen, ihm das zu sagen, was wir schon längst einmal sagen wollten, was wir uns aber immer versagt haben, aus Angst, es könnte nicht gut ankommen, man könnte uns missverstehen. Auferstehung meint, unserer Seele zu trauen, die leben möchte, den inneren Empfindungen, den inneren Bildern, dem Reichtum unserer Innenwelt Vertrauen zu schenken.

Aber oft genug kommen dann auch in uns die Männer, die alles als Geschwätz abtun. Es sind die Stimmen unseres Verstandes, die uns vorhalten, das sei alles Unsinn. Man müsse einfach seine Pflicht tun. Nur was man sehe, das würde stimmen. Da könne man halt nichts machen. Das sei halt so. Wir sollten realistisch sein und nicht unseren Träumen trauen. Diese *Männer in uns* würgen das Leben oft genug ab, das in uns aufblühen möchte. Da ahnen wir, dass wir einmal über unsere innersten Gefühle sprechen könnten, dass wir über unser Grab und seine Verwandlung reden könnten. Und dann kommen die Männer in uns und werten unsere Gefühle, unsere Ahnungen, unser Gespür als Unsinn, als Weibergeschwätz ab. Die Männer in uns verhindern die Verwandlung unseres Lebens. Petrus wird zwar trotzdem neugierig und läuft zum Grab. Er muss die Angaben der Frauen bestätigen, aber er versteht nicht, was wirklich geschehen ist. Er weigert sich, die Deutung der Frauen zu übernehmen. Er bleibt bei den Argumenten seines Verstandes.

Die Männer müssen von Jesus erst noch in die Schule genommen werden, bevor sie dem Auferstandenen wirklich begegnen können. Sie müssen lernen, wie die Emmausjünger über ihre Gefühle zu reden. Dann kann der Auferstandene zu ihnen treten. Und sie müssen sich miteinander versammeln, miteinander beten und über ihre Erfahrungen und Ängste sich austauschen. Dann kann Auferstehung auch für sie geschehen.

Verwandlung, 59.68ff

5

Unser Leben im Spiegel der Christusgeschichte

Gottesgeburt im Menschen

Christen feiern die Geburt Jesu Christi in Betlehem, um daran glauben zu können, dass in uns göttliches Leben ist. Ohne dieses Fest würden wir das göttliche Leben in uns übersehen. Wir würden das für Leben halten, was nach außen hin sichtbar ist: unser Arbeiten, unsere Erfolge und Misserfolge, unser menschliches Miteinander, Anerkennung, Zuwendung, Liebe, unsere alltäglichen Freuden und Leiden. Wir würden daran vorbeisehen, dass in uns Gott selbst ist. Wir brauchen viele Symbole, um gegen die Macht der Fakten an das Geheimnis zu glauben, dass Gott in unsere Welt gekommen ist. Wir stellen Christbäume auf, zünden Kerzen an, wir singen Weihnachtslieder, die in Bildern das Geheimnis der Menschwerdung künden und in ihren trauten Melodien etwas davon vermitteln, dass unsere Welt anders geworden ist durch Gottes Kommen, dass wir uns in ihr ein Stück weit zu Hause fühlen können. Und wir singen diese Lieder, um in uns neue Möglichkeiten zuzulassen: Liebe, Zärtlichkeit, staunen können, ergriffen werden, fühlen können. Wir besingen das göttliche Kind in der Krippe, um in uns selbst die Möglichkeiten eines Kindes zu entfalten: das Spontane und Unverfälschte, die Lebendigkeit und Echtheit, das Unverbrauchte und Unverdorbene [...]

Der Gedanke von der Gottesgeburt im Menschen durchzieht die Schriften der deutschen Mystiker. Nach Johannes Tauler sind alle Leiden dieser Zeit nur die Geburtswehen für die Geburt Gottes in unserer Seele. Und für C. G. JUNG ist die Gottesgeburt im Menschen das Ziel der menschlichen Selbstwerdung. Wenn Gott im Menschen geboren wird, dann kommt er von dem kleinen Ich weg zu seinem eigentlichen Wesen, zum Selbst. Für JUNG sind die Symbole für das Selbst und für Gott identisch. Ohne Integration des Gottesbildes gelangt der Mensch nicht zum Selbst – oder in der Sprache der Mystiker – in seinen Seelengrund, in seinen Kern, in dem er wirklich er selbst ist.

Wir dürfen die Gottesgeburt nicht missverstehen, so als ob wir über Gott verfügen können. C. G. JUNG sagt, der Mensch soll immer wissen, dass er nur der Stall ist, in dem Gott geboren wird. Wir sind nicht ein Palast, der für die Aufnahme Gottes bereit ist. Wir verdienen es nicht, dass Gott in uns ist. Wir können uns dies auch durch Askese oder Gebet oder Meditation nicht verdienen. Wir sind immer nur der Stall. Und in diesem Stall liegen Mist und Unrat. Wir brauchen das Unreine in uns nicht zu verdrängen. Wir werden von Gott dadurch gewürdigt, dass er trotzdem in uns wohnen will. Aber wir brauchen die Feier von Weihnachten, um daran glauben zu können. Denn von uns her können wir daran nicht glauben. In uns sehen wir oft nur das Dunkle, das Durcheinander, die Grenzen und Schwächen. Wir erleben uns oft weit weg von Gott. Da muss uns ein Fest vor Augen führen, dass Gott in der Krippe im Stall geboren wird, von Ochs und Esel umgeben, und dass gerade die Hirten, die wenig vornehmen Teile unserer Seele, kommen müssen, um dieses Kind anzubeten, während unser Verstand als der edelste Teil zurückbleibt mit seinen Entschuldigungen: Wir haben keinen Platz in der Herberge. Und wir brauchen die Lieder und die Kerzen, um daran glauben zu können, dass die Geburt Gottes in uns neue Saiten zum Klingen bringen kann.

Kirchenjahr, 30ff

Das schwere Ja, mit Grenzen zu leben

In den letzten beiden Wochen vor Ostern tritt die Passion Jesu in den Blickpunkt. Drei Gründe sind es, die die Kirche bewegt, dazu einzuladen, das Leiden Jesu zu betrachten. Der erste Grund liegt darin, dass der Mensch gerne vor dem Leiden flieht. Doch zum Menschsein gehört notwendigerweise das Leiden an seiner endlichen Existenz, an seinen Grenzen und Schwächen, an seiner Sterblichkeit. Doch viele wollen nicht wahrhaben, dass sie endlich sind. Sie gebärden sich wie Gott. Darin besteht die Ursünde, sein zu wollen wie Gott: allmächtig, sich selbst genug, unangefochten. Aus dieser Ursünde entsteht alles Unheil. Jetzt muss sich einer vor dem anderen verstecken, weil er doch nicht Gott ist, sondern nackt. Jetzt muss einer auf den andern neidisch werden und ihn aus dem Weg räumen, um an seiner eigenen Größe festhalten zu können wie Kain. Die Kirche führt uns in der Passionszeit den leidenden Gott vor Augen, damit wir von unserem Größenwahn lassen, sein zu wollen wie Gott. Dieser Größenwahn führt nicht bloß zu immer neuer Sünde, sondern auch in die Krankheit […]

In eine Angstneurose gerät einer, der meint, immer der Beste und Größte sein und alles perfekt machen zu müssen. Es lassen sich heute viele Ersatzleiden beobachten. Einer leidet an Magengeschwüren, weil er es nicht aushalten kann, dass die Welt sich nicht nach seinen Vorstellungen richtet und weil er den Ärger über diese Enttäuschung in sich hineinfrisst. Ein anderer erleidet einen Herzinfarkt, weil er vor sich selbst davonläuft und sich in ständige Aktivität flüchtet. Alle Fluchtwege vor dem Leiden führen nur zu neuen Leiden, zu Ersatzleiden.

In der Passionszeit schauen wir auf das Leiden Jesu, um uns damit auszusöhnen, dass wir endlich und schwach sind, von andern angefeindet und bedroht, dass unser Leben auf den Tod zuläuft.

Kirchenjahr, 43f

Das Zeichen echter Menschwerdung

Das Kreuz als Ursymbol der Menschheit ist nicht ein missionarisches Zeichen, das an alle Menschen appellieren möchte, Christen zu werden. Natürlich ist das Kreuz für uns im Abendland immer mit Jesus Christus verbunden und zum Zeichen für die Liebe geworden, die Jesus bis zum Tod am Kreuz durchhielt. Keiner kann in unserer Welt mehr daran vorbeigehen, dass Jesus Christus gelebt hat und für uns am Kreuz gestorben ist. Auch wenn im Mittelalter das Kreuz manchmal zum Herrschaftssymbol verwendet wurde, hat das Kreuz diese Funktion heute nicht mehr. Das Kreuz will uns vielmehr daran erinnern, was das Geheimnis des Menschen ist. Es ist Zeichen des abendländischen Humanismus, des Menschenbildes, wie es uns Gott in Jesus Christus am deutlichsten aufgezeigt hat, so wie es uns der Titusbrief im NT schildert: „Erschienen ist die Güte und Menschenfreundlichkeit (*humanitas*) Gottes, unseres Retters“ (3,4).

Als der katholische Philosoph Peter Wust an Kehlkopfkrebs erkrankt war und seinen Tod erwartete, schrieb er an seinem letzten Weihnachtsfest 1939 seinen Studenten diesen Satz aus dem Titusbrief als letztes Vermächtnis. Mitten in einer Zeit der Unmenschlichkeit verwies er auf die wahre Humanitas, wie sie uns in Jesus Christus erschienen ist. Das Kreuz ist Bild für authentische Menschlichkeit. Und diesen christlichen Humanismus haben wir heute bitter nötig.

Das Kreuz zeigt uns den Weg wahrer Menschwerdung. Zur Menschwerdung gehört, dass wir Ja sagen zu den Gegensätzen, die in uns stecken. Als Menschen gehören wir zugleich der Erde und dem Himmel an. Wir sind ausgespannt zwischen Licht und Dunkel, zwischen Gott und Mensch, zwischen Mann und Frau, zwischen Höhen und Tiefen, zwischen Gut und Böse. Der Mensch ist Kreuz. Der Stamm des Kreuzes ruht in der Erde. Der Mensch gehört zur Erde. Auch als einer, der einen spirituellen Weg geht, kann er die Erde nicht abschütteln [...]

Vertikale und Horizontale treffen sich im Kreuzungspunkt, der die Mitte des Menschen symbolisiert. Das Ausgespanntsein zwischen Himmel und Erde und zwischen den Menschen reißt uns nur dann nicht auseinander, wenn wir in diesem Mittelpunkt ruhen. Nur weil die Horizontale von der Vertikalen getragen ist, verlieren wir uns nicht an die anderen. Unsere Hinwendung zur Welt geht von diesem Mittelpunkt aus. Diese Mitte besteht jedoch nicht darin, dass wir die Gegensätze, die unsere Existenz ausmachen, ausscheiden, sondern dass wir sie in uns vereinen. Wir erreichen unsere Ganzheit nur, wenn wir die Gegensätze in uns verbinden und aushalten. Das Kreuz bringt Ordnung in unsere Gegensätzlichkeit. Das Kreuz als unser Heil bedeutet, dass wir unsere eigene Gespaltenheit akzeptieren, dass wir die ungelösten Konflikte in uns aushalten und uns in dieser Spannung immer mehr für Gott aufbrechen lassen.

Das Kreuz zeigt uns nicht nur das Heil als Ganzheit, es weist uns auch den Weg zu diesem Heil. Unser Weg ist nie eine Einbahnstraße, auf der wir Gott immer näher kommen und uns immer mehr beherrschen, sondern ein Kreuzweg, auf dem wir immer wieder durchkreuzt werden. Gerade wenn wir meinen, einen Schritt nach vorne getan zu haben, wirft uns der Querbalken wieder um. Gerade wenn wir glauben, etwas von Gottes Licht geschaut zu haben, erfasst uns das Dunkel in einem nie gekannten Ausmaß. Unser Weg ist ein ständiges Auf und Ab. Und nur wenn wir dazu Ja sagen, dass Gott uns immer wieder durchkreuzt und uns aus der Bahn wirft, gehen wir den wahren Weg zu Gott, den Kreuzweg, der uns mehr und mehr für Gott und für die Menschen aufbricht, den Weg der Liebe, auf dem wir uns berühren lassen von den Menschen und so verwundet werden, bis durch diese Wunde Gottes Liebe eindringen und uns verwandeln und heilen kann.

Kreuz, 86f

Mut, dem Schatten zu begegnen

Der [jährliche] Karsamstag hat eine wichtige Funktion auf dem Weg unserer Ganzwerdung. Die Liturgie mutet uns zu, uns einen ganzen Tag lang dem toten Jesus am Grab zu stellen. Und sie fordert uns auf, in das eigene Grab zu steigen, in die eigene Tiefe, und darin eins zu werden mit dem Grund unseres Seins, mit den Wurzeln unseres Lebens. Jesus ist nicht nur unseren Tod gestorben, sondern er war drei Tage lang tot. Er konnte nichts mehr tun, nichts mehr fühlen, er war leblos, von jeder Kommunikation abgeschnitten. Im Grab hat Jesus den Tod erfahren als radikale Einsamkeit, in die kein Wort der Liebe mehr dringt. Der Karsamstag will uns sagen: In unsere Einsamkeit, in unsere Kälte, in unsere Starre – da ist Christus eingedrungen. Und dort, wo sonst der Tod herrscht, da wohnt nun seine Liebe. Da, wo wir abgeschnitten sind vom Leben, da erreicht er uns mit seinem Wort der Liebe.

Christus ist in das Reich des Todes hinabgestiegen, in den Hades, in die Scheol, wie die Juden sagen. Die Scheol ist das Reich des Schattenhaften. Von der Psychologie her können wir dieses Bild so deuten: Christus ist in unseren Schatten hineingestiegen, in unser Unbewusstes, um all das zu erlösen, was in unserem Schatten begraben liegt. C. G. JUNG spricht vom kollektiven Unbewussten. Dort sind viele positive Kräfte, aber auch zerstörerische und chaotische, die einen verschlingen können. Christus ist nicht nur dem Bösen begegnet, das offen zu Tage tritt, sondern er ist auch in das Böse hineingestiegen, das unter der Oberfläche verborgen ist. Und das ist noch wesentlich chaotischer, zerstörerischer als das, was sich offen als böse zeigt. Wir erschrecken ja selbst oft vor unseren gemeinen und unmenschlichen Gedanken und Wünschen, die in uns aufsteigen, wir erschrecken vor der Destruktivität, zu der wir fähig sind. Auch da hinein ist Christus gestiegen.

So können wir mit ihm zusammen selbst in das eigene Grab, in das eigene Unbewusste steigen, allerdings nur so weit, als wir uns in der Verbindung mit Christus wissen.

Kirchenjahr, 52f

Jesu Kreuz und Tod waren nicht notwendig

Die Frage ist, wie wir die Erlösung von der Schuld verstehen sollen. Was hat die Vergebung mit Jesu Tod am Kreuz zu tun? Wie kann ein vergangenes Ereignis uns Vergebung vermitteln? Gott ist – so sagt das Matthäusevangelium – immer der Barmherzige, der uns die Schuld vergibt. Er wendet sich in Jesus, seinem Sohn, auf besondere Weise den Sündern zu. Diese Zuwendung erreicht im Tod Jesu ihren

Gipfelpunkt. Gott braucht nicht den Tod Jesu, um uns vergeben zu können. Er vergibt, weil er uns liebt. Warum aber verbindet dann Matthäus und nach ihm die westliche Theologie die Vergebung der Sünden mit dem Tod Jesu?

Für mich geht es am Kreuz nicht um die Frage, wie Gott vergibt, sondern wie ich als einer, der sich schuldig fühlt, an Gottes Vergebung glauben kann. Der Tod Jesu am Kreuz ermöglicht es mir, an die Vergebung zu glauben. Wenn ich auf Jesus sehe, der selbst seinen Mördern noch vergibt, dann darf auch ich vertrauen, dass Gott mir meine Schuld nicht anrechnet. Dabei ist das Kreuz jedoch mehr als nur die psychologische Ermöglichung, an die Erlösung zu glauben. Im Kreuz drückt Gott vielmehr seine bedingungslose Liebe zu uns aus. Wir können nicht sagen, dass das Kreuz die Vergebung erst bewirkt, denn Gott vergibt immer und überall, aber das Kreuz drückt die Vergebung Gottes so aus, dass sie uns erreicht.

Karl Rahner spricht hier von der Selbstmitteilung Gottes. Gott teilt sich in seiner vergebenden Liebe im Tod seines Sohnes am Kreuz uns mit. In einem geschichtlichen Ereignis, in dem Tod auf Golgota, lässt Gott seine vergebende Liebe sichtbar für alle Menschen erscheinen […]

Wir müssen uns vor dem magischen Missverständnis hüten, als ob der Tod Jesu notwendig war, damit Gott uns vergeben könne. Gottes vergebende Liebe ist absolut. Sie hat nichts nötig, schon gar nicht den Tod seines geliebten Sohnes. Gott hat schon vor dem Tod Jesu am Kreuz Menschen ihre Sünden vergeben. Gott braucht den Tod seines Sohnes nicht, aber offensichtlich braucht der Mensch das Bild des Kreuzes, um an die Vergebung durch Gott glauben zu können. Er hat von seiner leibseelischen Struktur her die Vermittlung der Vergebung durch den Tod Jesu nötig. Seine Selbstverurteilung hindert ihn daran, an die Vergebung zu glauben. Es genügt ihm nicht, wenn wir ihm sagen, Gott sei barmherzig, er würde ihm schon vergeben.

Das hört er zwar, aber es dringt nicht in sein schulderfülltes Herz. Und vor allem hebt es nicht die unbewusste Selbstablehnung auf und befreit ihn nicht von der Selbstzerfleischung durch Schuldgefühle.

Der Psychologe Paul Tournier erzählte einmal, dass er bei einem Patienten seine falschen, durch zu strenge Erziehung verursachten Schuld*gefühle* aufgearbeitet hat. Doch dann stieß er auf wirkliche Schuld. Er wies den Patienten auf die Barmherzigkeit Gottes hin. Doch der rief aus: „Alles muss bezahlt werden!" Offensichtlich ist tief in der menschlichen Seele dieses Gesetz eingeschrieben, dass die Schuld nicht einfach durch einen äußeren Spruch vergeben werden kann, sondern dass sie bezahlt werden muss. Die Frage ist, woher dieses unbewusste Gesetz kommt. Wir dürfen daraus kein theologisches Prinzip machen, als ob Gott die Schuld nur vergeben könne, wenn sie bezahlt würde, wie das die mittelalterliche Theologie gemeint hat. Aber wir können darin Gottes Weisheit entdecken [...]

Der Blick auf Jesus, der selbst seine Mörder noch liebt, kann uns von der tief in uns sitzenden Selbstverurteilung befreien und uns einen Glauben an die Vergebung ermöglichen, den nicht nur der Verstand, sondern auch das Herz, ja sogar das Unbewusste noch mitvollziehen kann.

Bilder, 29ff

Denkgewohnheiten aufbrechen, Barrieren überspringen

Ostern ist die Feier des Lebens. Wir feiern die Überwindung des Todes durch das Leben. Christus hat den Tod besiegt. Aber das heißt nun auch: In uns ist das Leben stärker als der Tod. Es ist nicht mehr totzukriegen. In der

Eucharistie essen und trinken wir uns in das neue Leben der Auferstehung hinein. In uns ist nun das Leben, das alle Fesseln sprengt. Dieses Leben muss auch Ausdruck finden. Eine Möglichkeit wäre, es auszutanzen. Im Mittelalter veranstaltete man an Ostern Ball- und Tanzspiele, entweder im Kreuzgang oder auch in der Mitte des Kirchenschiffes.

Bei unseren Osterkursen in Münsterschwarzach feiern die Jugendlichen nach der Osternacht noch weiter. Dabei drängt es sie immer wieder, die Osterfreude in den Leib zu lassen und sie im Tanzen auszudrücken. Sie führen Reigentänze auf, sie tanzen miteinander um das Osterfeuer. Tanzen kann man nicht allein. Doch Ostern kann man eben auch nicht alleine feiern. Das kann man nur miteinander. Und so wäre es gut, wenn auch eine Pfarrgemeinde nach der Osternacht noch miteinander feiert, ein Ostermahl miteinander hält oder ein Osterfeuer entzündet und um es herumtanzt. Das Leben des Auferstandenen, das alle Grenzen überspringt, sollte an Ostern auch die Barrieren zwischen uns überspringen und uns miteinander im gemeinsamen Feiern verbinden.

Eine andere Möglichkeit, Ostern in einem eigenen Ritual fortzusetzen, wäre der Emmausgang, der in manchen Gegenden am Ostermontag noch üblich ist. Man geht miteinander zu einer abgelegenen Kapelle oder zu einem Wallfahrtsort und hält zum Abschluss miteinander Mahl. Es ist ein Ritual, das die Emmausgeschichte in das Leben hinein übersetzt. Im Miteinandergehen kann man erfahren, dass der Auferstandene mit uns geht und uns unser bisheriges Leben deutet als Weg in die Herrlichkeit. Und im gemeinsamen Mahl bezeugt man, dass jedes Mahl uns mit dem Auferstandenen verbindet.

Kirchenjahr, 61f

Das eigentliche Geheimnis – Christus in uns

Das Fest Christi Himmelfahrt will unseren Blick auf unser Ziel richten, auf den Himmel. Wir sollen nicht aufgehen in den irdischen Geschäften, sondern aufschauen zu Christus, der schon beim Vater ist. Was auf den ersten Blick wie ein moralischer Appell aussieht, ist in Wirklichkeit eine befreiende Botschaft. Denn wer vom Himmel als von seiner Heimat her leben kann, für den relativieren sich viele Dinge seines Lebens, für den haben Erfolg und Besitz und Gesundheit nicht mehr den höchsten Stellenwert, er kann allem gelassener und ohne Angst gegenübertreten. Wenn er im Herzen schon am Ziel ist, dann ist der Weg nicht mehr so beschwerlich, dann hat er einen inneren Abstand zu dem, was ihm auf dem Weg begegnet. Er klammert sich nicht daran fest. Er ist in seinem Herzen schon woanders. JUNG meint, dass der Blick auf Christus, der die Schwelle des Todes bereits überschritten hat, dem Menschen gut tut und ihn psychisch gesund hält. Nun kann er im Tod ein positives Ziel sehen. Das hält ihn lebendig. Denn „von der Lebensmitte an bleibt nur der lebendig, der mit dem Leben sterben will" (C. G. JUNG).

Für JUNG ist die Religion eine Schule, die uns auf die zweite Lebenshälfte hin erzieht. Christi Himmelfahrt ist innerhalb dieser Lebensschule das Fest, das uns über die Selbstbehauptung in der Welt hinausführt in einen Bereich, wo wir erst wahrhaft zum Menschen werden [...]

Wir berühren nicht mehr den historischen Jesus, sondern den Christus im Geist. Aber ihn berühren wir wirklich, er ist in uns, ja, er ist uns sogar näher gekommen als damals. Denn damals stand er neben und zwischen den Menschen. Aber jetzt ist er in uns. Solange ein Mensch neben uns lebt, sind wir fixiert auf das, was wir sehen. Aber sein eigentliches Geheimnis übersehen wir oft. Christus musste zum Vater gehen, damit wir nicht an seiner historischen Gestalt hängen bleiben. Wenn er geht, können wir alles verinnerlichen, was er gelebt hat. Christus kann nun in uns Gestalt annehmen. So ginge es am Fest Christi Himmelfahrt darum, dass wir Christus nicht oben im Himmel suchen, sondern in uns.

Kirchenjahr, 63ff

Wind, Feuer – Fülle des Lebens

Um an Pfingsten etwas vom Heiligen Geist in sich zu spüren, könnte es hilfreich sein, sich einfach einmal in den Wind zu stellen, die Augen zu schließen und mit allen Sinnen den Wind wahrzunehmen, wie er zärtlich über die Wangen streicht, wie er einen kräftig durchweht, wie er einen in Bewegung bringt. Wer den Wind als Symbol für den Gottesgeist versteht, der kann unmittelbar im Wehen des Windes Gottes Geist spüren. Es ist nicht bloß Einbildung, sondern Realität. Der Geist Gottes ist ja im Wind, er ist in diesem Augenblick, da der Wind mich durchweht, in mir, er reinigt und belebt mich, er streichelt und liebkost mich. Im Wind spüre ich das Leben der Natur, aber zugleich erfahre ich in ihm auch das Leben des Heiligen Geistes, ja den Heiligen Geist selbst.

Ein anderes Bild für den Heiligen Geist ist das Feuer, die Glut. Der Geist lässt sich in Feuerzungen auf die Jünger nieder. Feuer ist Symbol für die Lebendigkeit. Wenn wir von einem Menschen sagen, in ihm brenne ein Feuer, so meinen wir, er sei lebendig, voller Kraft, aus seinen Augen funkelt es, da geht etwas von ihm aus: Leben, Liebe, Freude. Pfingsten ist das Fest unserer eigenen Lebendigkeit.

Wir sehnen uns danach, wirklich lebendig zu sein, wirklich lieben zu können. Oft genug fühlen wir uns ausgebrannt, leer, langweilig, ohne Gefühle, ohne Schwung. Und wir fühlen, dass wir in uns nicht genügend Kraft haben, die uns antreibt. Wenn wir diese Erfahrung zulassen, spüren wir auch in uns eine Sehnsucht nach einer Lebensquelle, die nicht versiegt, nach einer Kraft, die nicht erlahmt, und nach einer Glut, die nicht ausgeht. Wir ahnen darin schon, dass es doch so etwas wie den Heiligen Geist geben müsse, einen Geist, der von Gott kommt und doch in uns ist, der teilhat an der Fülle des Lebens und uns davon mitteilt.

Kirchenjahr, 67f

Feste – Wege zu den Lebensquellen

Der Mensch durchbricht in der Feier bewusst seinen Alltag, um ihn dann wieder neu bewältigen zu können. In der Feier trinkt er von der Quelle des Lebens. Da taucht er ein in das eigentliche Geheimnis seines Lebens, das sich im Anlass des Festes darstellt [...]

Ein Fest verbindet den Menschen mit seinen Wurzeln, aus denen er lebt. C. G. Jung meint, die Verbindung der „Gegenwart mit der historischen und mythischen Vergangenheit", wie sie die Feste des Kirchenjahres vollziehen, sei für den Menschen gesund. Es mache ihn eins mit sich selbst, lasse ihn teilnehmen am Strom des Lebens. Wenn sich ein Mensch von seiner eigenen Vergangenheit abschneidet, wenn er seine Erinnerungen verdrängt und gesichtslos lebt, so wird er krank, oft genug depressiv (Harvey Cox). Die Erinnerung blickt zwar in die Vergangenheit, eröffnet uns aber zugleich neue Horizonte für die Zukunft. Sie zeigt uns, wozu auch wir fähig sind.

So ist das Festefeiern lebensnot-wendig, es schenkt uns die Kraft, die wir brauchen, um unser Leben zu meistern. Aber wir können nicht beliebig Feste feiern. Ein eigentliches Fest ist nur, wenn wir davon leben können, wenn etwas zur Sprache kommt, das uns eine neue Sicht unserer selbst und unseres Lebens, ein neues Daseinsgefühl schenkt. Für die Alten gab es ein echtes Fest nur, wenn Gott und seine Taten gefeiert wurden. Ein rein profanes Fest war für sie unvorstellbar. Ein Fest, das ich feiere, weil ich gerade Lust dazu habe, etwa eine Party, zu der ich einlade, weil mir danach ist, entspricht nicht dem, was die Alten unter Fest verstanden [...]

Sie wollten im Feiern einer Gottestat wieder zu echten Menschen werden, zu Menschen, die um ihre Würde wissen, um ihre Wurzeln, um ihre Möglichkeiten, zu Menschen, die nicht in der Vergessenheit leben und in der Aktivität des Alltags innerlich vertrocknen.

Kirchenjahr, 16f

Wiedergeboren werden – aber wie?

Das Reinkarnationsmodell will erklären, warum wir von der Vergangenheit beeinflusst sind. Es erklärt z. B. die Verschiedenheit der Kinder in der gleichen Familie damit, dass in jedem Kind ein anderer Vorfahre wiedergeboren wurde. Und es erklärt die Behinderungen der Kinder auch mit dem Schicksal des früher Geborenen. Im behinderten Kind wird ein Mensch wiedergeboren, der sich im vergangenen Leben verfehlt hat.

Als wir in einer Runde von Müttern darüber diskutierten, war ich schon erstaunt, dass von sechs Müttern drei an die Reinkarnation glaubten. Eine Mutter hatte ein taubes

Kind. Sie wehrte sich vehement gegen die Vorstellung, ihr Kind sei behindert, weil es im früheren Leben gesündigt habe. Das sei doch eine Verschiebung des Problems. Was nützt es der Mutter, wenn sie weiß, dass in ihrem Kind ein anderer Mensch seine Schuld abtragen muss? Sie will sich jetzt ganz und gar auf das Kind einlassen, so wie es ist, ohne zu fragen, wie das gekommen sei. Jesus selbst bestätigt die Ansicht dieser Frau. Denn als er einem Blindgeborenen begegnet, fangen die Jünger die gleiche Diskussion an, wie sie die Befürworter der Reinkarnation heute immer wieder führen: „Rabbi, wer hat gesündigt? Er selbst? Oder haben seine Eltern gesündigt, sodass er blind geboren wurde?“ (Johannes 9,2).

Sie fragen also auch nach der Schuld in der Vergangenheit. Da muss eine Ursache sein. Jesus wehrt sich gegen die Verlagerung des Problems in die Vergangenheit: „Weder er noch seine Eltern haben gesündigt, sondern das Wirken Gottes soll an ihm offenbar werden“ (Johannes 9,3). Es hat keinen Zweck, ständig nach den Ursachen zu fragen. Wir können die Frage nach dem Warum nicht beantworten. Wir müssen die Krankheit und die Behinderung heute akzeptieren und darauf angemessen reagieren.

Die Reinkarnationstherapie, die den Menschen in frühere Leben zurückführen will, um dort seine Wunden zu heilen, ist für mich eine typische Flucht vor der gegenwärtigen Realität. Was nützt es mir, wenn ich vor fünfhundert Jahren ein Verbrecher gewesen sein soll? Ich muss mich meiner jetzigen Wirklichkeit stellen. Und die muss ich Gott hinhalten, damit er sie heute verwandle und heile. Jetzt will Gottes Herrlichkeit an mir offenbar werden. Wenn ich meine Wirklichkeit, so wie sie geworden ist, Gott hinhalte, dann kann er sie heute heilen und verwandeln, ohne die Geschichte meines Problems tausend Jahre zurückzuverfolgen.

Die Menschen, die mir von ihrer Reinkarnationstherapie erzählen, sprechen immer von ganz erstaunlichen Erlebnissen. Der eine war Soldat unter dem Kreuz Christi. Die andere war ägyptische Priesterin. Das hat mich skeptisch gemacht. Natürlich hat jeder von uns seine Geschichte. Und jeder hat seine Vorfahren, die sicher noch weiter in ihm wirken. Wir sollen uns unseren Wurzeln stellen, nicht nur den ganz persönlichen Wurzeln, die die Eltern uns anbieten, sondern auch den Wurzeln, die unser Stammbaum oder unsere Gegend für uns bereithält. Für mich ist es eine Flucht in die Vergangenheit, die man dann auch noch besonders interessant machen muss, wenn ich frühere Leben anschauen sollte. Die Wirkung der Vergangenheit kann ich sowohl mit Erbanlagen als auch mit dem kollektiven Unbewussten erklären oder auch mit der Ordnung der Liebe, wie sie der Therapeut Bert Hellinger verkündet. Ich muss da nicht auf frühere Reinkarnationen Bezug nehmen.

Die Befürworter der Reinkarnationslehre behaupten oft, dass die frühe Kirche die Reinkarnation gelehrt habe, ja dass die Bibel diese Lehre rechtfertige. Aber all die Gründe, die dafür angeführt werden, sind Scheingründe. Weder das AT noch das NT kennt die Lehre von der Reinkarnation. Wenn da die Meinung der Leute, dass Elija zuerst kommen müsse, um alles wieder herzustellen (vgl. Markus 9,11f), als Beweis zitiert wird, die Bibel kenne Reinkarnation, wird da etwas in die Bibel hineingedeutet, was so nicht da steht. Der Messias, so glauben die Juden, komme in der Kraft des Elija. Aber in ihm wird nicht Elija persönlich wiedergeboren. Elija hat vielmehr den Propheten schlechthin repräsentiert. Der Messias wird die prophetische Sendung des Elija verkörpern, genau so, wie er etwas von der königlichen Kraft Davids darstellen wird. Elija und David sind Typen, Urbilder für das Prophetische und Königliche. In der Taufe werden wir alle mit dem

Chrisam gesalbt, wir werden zu Königen, Hirten und Propheten gesalbt. Jeder von uns ist ein königlicher Mensch, mit einer unantastbaren Würde. Jeder ist Hirte, er kann andere führen und leiten. Er hat die Aufgabe, Menschen zu heilen und ihnen zu helfen. Und jeder hat auch eine prophetische Sendung, eine Botschaft, die nur er der Welt in seinem Leben zu sagen hat.

Auch die frühe Kirche hat nicht an die Reinkarnation geglaubt. ORIGENES hat die *apokatástasis pánton* gelehrt, die All-erlösung am Ende der Welt. Aber er hat nicht die ewige Wiedergeburt verkündet. Seit RUDOLF STEINER wird hier unsauber gearbeitet und werden der frühen Kirche Lehren untergeschoben, die so niemals vertreten worden sind [...] Es ist zu erwarten, dass da nicht nur die kirchenamtliche Lehre verkündet wird, sondern dass da noch andere Vorstellungen mitschwingen. Aber zu behaupten, die frühe Kirche habe in Übereinstimmung mit dem Osten die Reinkarnation gelehrt, stimmt so nicht. Das ist vielmehr ein Märchen, das seit RUDOLF STEINER zwar immer wiederholt wird, aber trotzdem nur erfunden ist.

Leben, 68ff. 73f

6

Der große Atem der Freiheit

Erst Liebe macht den Menschen ganz

Wenn wir in uns den Raum des Schweigens spüren, dann ist das der Raum, in dem wir daheim sein können, weil das Geheimnis selbst in uns wohnt, weil dort, wo Gott in uns wohnt, jetzt schon der Himmel in uns ist, der uns hier in der Fremde Heimat schenkt.

Freiheit, Einheit und Heimat, diese drei Kriterien echter Spiritualität und wirklicher Gotteserfahrung gehören zusammen. Wer mit sich eins ist, wer nicht mehr hin und her gezerrt wird von den verschiedensten Wünschen und Bedürfnissen, der ist auch frei. Wer in Gott ruht, wer in Gott Heimat gefunden hat, der richtet sich nicht mehr nach den Maßstäben dieser Welt, über den hat die Welt keine Macht, er ist frei geworden von den Erwartungen dieser Welt. So können wir an der Freiheit in uns erkennen, wie weit wir auf unserem spirituellen Weg sind. Aber zugleich müssen wir uns eingestehen, dass die Freiheit hier auf unserem Pilgerweg immer relativ ist, dass wir erst im Tod die wahre Freiheit erfahren, wenn wir für immer frei sind, Gott zu schauen und uns liebend in Gottes liebende Arme fallen zu lassen.

Freiheit, Einheit und Heimat sind auch die Voraussetzungen, um wahrhaft lieben zu können. Wer in sich zerrissen ist, kann nicht wirklich lieben. Er wird vielleicht oft von der Liebe sprechen und er wird mit aller Kraft versuchen zu lieben. Aber es wird nicht die Liebe sein, die heilt, die eint und befreit, sondern eher eine Liebe, die den anderen an sich bindet, die Macht ausübt, die das eigene schlechte Gewissen beruhigen soll. Die Liebe, zu der uns das vollkommene Gesetz der Freiheit aufruft, lässt den Menschen frei sein, sie gibt ihm seine königliche Würde. Sie bewirkt Frieden, ermöglicht dem zerrissenen Menschen, dass er Ja zu sich sagen kann und so mit sich eins wird. Wahre Liebe eint und heilt den Menschen, sie macht ihn ganz. Und sie schenkt ihm Heimat, sie gewährt ihm ein Haus, in dem er wahrhaft zu Hause sein kann, in dem er wahrhaft der sein kann, zu dem Gott ihn berufen hat: ein freier Sohn und eine freie Tochter Gottes.

Freiheit, 106f

Noch einmal: unsere Träume – Gottes vergessene Sprache

Die JUNGsche Psychologie unterscheidet eine Traumdeutung auf der Objektstufe und auf der Subjektstufe. Auf der Objektstufe sagen die Träume etwas über die Menschen aus, mit denen ich zu tun habe, über die Beschaffenheit der äußeren Dinge, von denen ich träume. So kann mich ein Traum darauf hinweisen, dass meine Leiter defekt ist oder dass ich vergessen habe, das Haus abzuschließen. Oft nimmt der Traum die Erfahrungen des Tages auf und nimmt die Tagesreste als Material, um mich auf Wichtiges aufmerksam zu machen. Der Traum hat auf der Objektstufe eine kompensatorische Funktion, d. h. er ergänzt meine bewusste Sicht der Dinge.

Wenn ich tagsüber ein Gespräch mit einem Freund hatte, so hat mein Bewusstsein vieles nicht wahrgenommen; ich war beschäftigt mit Nachdenken und habe übersehen, wie es ihm eigentlich geht. Im Traum sagt mir das Unbewusste, was es am Freund wahrgenommen hat, etwa dass es ihm schlecht geht, dass es dunkel in ihm ist usw. Ich kann natürlich genauso gut sagen: Gott will mir im Traum die Wahrheit des Freundes aufdecken. Zumindest weist mich Gott durch die Beobachtungen meines Unbewussten auf wichtige Seiten meines Freundes hin, die ich sonst übersehen würde. Da unsere bewusste Sicht oft von unserem Wunschdenken beeinflusst ist, ist es wichtig, auf die Sicht des Unbewussten zu hören [...]

Als *erste* Grundregel der Traumdeutung gilt, dass ich den Traum erst einmal auf der Objektstufe interpretieren soll. Ich soll erst einmal fragen, was mir der Traum über Menschen, über Situationen, über Geschäfte, über meinen Beruf, über mein Engagement in einem Verein usw. aussagt.

Die *zweite* Methode der Traumdeutung ist die Deutung auf der Subjektstufe, d. h. alle Personen und alle Dinge, die ich im Traum sehe, sind Teile meiner eigenen Person und sagen etwas über meinen Zustand aus. Der Traum beschreibt mir in Bildern, wie es um mich steht. Oft genug sind Bilder hilfreicher, um die eigene Situation auszudrücken, als rationale Beschreibungen. Die Traumbilder sind jedoch offen für mehrere Deutungen. Sie sind zwar nicht beliebig deutbar, aber sie müssen doch im Zusammenhang mit der eigenen Lebensgeschichte und mit der momentanen inneren Situation gesehen werden. Es hat also keinen Zweck, ein Lexikon der Traumsymbole zu lesen und zu meinen, Auto bedeute immer das Ich, Pferd immer meine Vitalität. Ich soll selbst assoziieren, was mir dazu einfällt. Die Kenntnis der Symbole kann zwar hilfreich sein, aber wir müssen zugleich die innere Freiheit behalten, die Symbole auf uns konkret zu beziehen.

Wenn ich von einem Auto träume, das ich zwar mit dem Steuer lenken möchte, das aber hinfährt, wo es will, das sich einfach nicht lenken lässt, dann kann das ein Bild dafür sein, dass ich die Kontrolle über mich verloren habe, dass ich von anderen unbewussten Kräften gesteuert werde. Oder ich fahre mit dem Auto einen Berg hinauf. Ich gebe Gas, aber es rührt sich nichts, ich komme nicht vom Fleck. Dann muss ich fragen, warum ich nicht genügend Kraft in mir habe für die Aufgaben, die mich erwarten, ob ich nicht vor einem Berg von Problemen stehe, ohne vorher aufgetankt zu haben. Und ich kann überlegen, wo für mich Kraftquellen wären. Wenn ich den Traum mit Gott bespreche, dann will mich Gott auf meine innere Quelle hinweisen, die ich verschüttet habe, auf seine Gnade, der ich keinen Zutritt gestatte. Der Traum gibt dann keine konkrete Handlungsanweisung. Ich weiß beim Aufwachen nicht, was ich genau tun soll. Aber ich spüre doch, welches Thema die nächsten Tage und Wochen bei mir ansteht.

Die Träume weisen uns aber nicht nur auf negative Seiten hin, die wir verdrängt haben. Oft sind sie auch eine frohe Botschaft. Dann zeigen sie uns, dass wir schon weiter sind, als wir glauben, dass sich in uns doch schon etwas getan hat, dass wir mehr ausgesöhnt sind mit uns, als wir wahrhaben wollen.

So zeigt uns etwa ein Fluss, über den wir fahren oder gehen, um ans andere Ufer zu gelangen, dass wir schon einen entscheidenden Schritt nach vorne getan haben, dass wir das neue Ufer schon erreicht haben, dass ein neuer Abschnitt unseres Weges beginnt. Oder wir sehen in unserem Haus auf einmal ganz neue Räume, die wir bisher noch nie betreten haben. Das Haus ist ja ein Bild für die Gesamtheit der Psyche. Wir haben dann in uns selbst neue Räume des Lebens erschlossen.

Eine Frau erzählte mir, dass sie im Traum einen großen barocken Saal in ihrem Haus betreten habe, den sie vorher noch nie gesehen hatte. Es tut sich in ihr also etwas auf, etwas Geräumiges, Schönes, etwas Freies und Spielerisches, wie es der Barock darstellt. So ein Traum bewirkt eine positive Grundstimmung. Wir erleben uns am nächsten Tag anders. Gott hat uns eine frohe Botschaft über unseren inneren Zustand überbracht.

Oft sind die Träume ambivalent. Wir können sie dann gar nicht einstufen in positiv und negativ. Wir müssen in sie hineinhorchen und sie beachten. Manche wollen ihren Traum nicht anschauen aus Angst, sie könnten etwas Unheilvolles bedeuten. Doch das ist Unsinn. Die Träume legen uns nie fest. Sie zeigen uns unsere Situation und mögliche Gefahren, damit wir wachsam werden und die Gefahr beachten und so vermeiden. Auch Gefahrenträume sind hilfreich. Sie wollen uns nicht in Panik geraten lassen, sondern das Steuer in uns herumreißen, damit wir nicht in den Abgrund fahren. Es kommt nur darauf an, dass wir die Träume umsetzen in unser Leben.

Oft träumen wir, dass wir zu spät kommen, zu spät zum Zug, zu spät zu einer Veranstaltung. Das ist ein Bild, dass wir im Leben zu spät kommen, dass wir den richtigen Zug verpassen, weil wir zu sehr an unserer Vergangenheit hängen, weil wir zu viel Altes mitnehmen wollen auf unseren Weg. Oder wir träumen, dass wir unseren Koffer vergessen haben.

Wir können uns dann fragen, was uns für den inneren Weg fehlt, welche wichtigen Reisemittel wir nicht mitgenommen haben. Das kann die Stille sein, die wir brauchen, das Gebet, die Gnade Gottes, die wir beiseite lassen. Es können aber auch wichtige Kräfte und Fähigkeiten sein, die wir in uns zu entwickeln versäumt haben. Wenn wir das Geld vergessen haben, dann fehlt uns die nötige Energie, ein Persönlichkeitswert, den wir unbedingt für unsere Reise brauchen. Oft kommen wir zu spät im Traum, weil wir nicht auf die Zeit, auf die Gegenwart achten.

Oder wir steigen in einen falschen Zug ein. Deutlicher kann uns der Traum kaum sagen, dass wir auf unseren Weg sehen sollen. Wo haben wir den Anschluss verpasst? Wo sind wir in Gefahr, einen falschen Weg einzuschlagen, auf das falsche Pferd zu setzen? Wenn wir nach so einem Traum Gewissenserforschung halten, werden wir vieles in uns entdecken, was uns ohne Traum verborgen geblieben wäre. Der Traum ist der Schlüssel, der dann auch unserem reflektierenden Geist die Tür zu dem Raum aufschließt, der unsere gegenwärtige Situation am reinsten widerspiegelt.

Häufig sind auch Prüfungsträume, nicht nur in Zeiten schulischer und beruflicher Prüfungen. Sie zeigen immer, dass wir mit unserem Leben eine Prüfung zu bestehen haben. Wir brüten über Aufgaben, die wir zu lösen haben in unserer gegenwärtigen Lebensschule [...] Solche Schulträume sollten wir meditieren, um herauszufinden, was denn unsere Aufgabe heute sei und wo wir an uns zu arbeiten haben, um die Prüfung, die Gott uns abverlangt, zu bestehen.

Wir täten uns selbst und den Menschen [...] keinen Gefallen, wenn wir Gottes Sprache in den Träumen übergingen. Wir würden wichtige Bereiche unseres Lebens von der Verwandlung und Heilung durch Gott ausschließen. Und unserem geistlichen Leben würde es an Lebendigkeit und Echtheit, an Kraft und Wahrheit, an Freiheit und Weite, an Liebe und Güte, an Ausstrahlung und Faszination fehlen. Alle geistlichen Wege, die den Schatten ausschließen, führen immer in eine gefährliche Spannung. Zu leicht wird der Mensch dann zerrissen zwischen – einerseits – seinem guten Willen und seinem Streben, Gott zu lieben und ihm zu gehorchen, und – andererseits – seinem Schatten, der sich in seiner Erdverbundenheit, in seinen Bedürfnissen und in seinen Trieben äußert, auf der anderen Seite. Dann entstehen die religiösen oder ekklesiogenen Neurosen. Und der christliche Glaube würde dann trotz seiner Botschaft von der Liebe grausam mit den Menschen umgehen, sie überfordern und letztlich zerreißen.

Leider hat die Kirche in der Vergangenheit viele Menschen auf dem Gewissen, weil sie sie in eine unerträgliche Spannung gestellt hat. Daher ist es ein Gebot der Stunde, aus der reichen geistlichen Tradition der Kirche zu schöpfen und wieder jene *ganzheitliche* Spiritualität zu entwickeln, die alle großen christlichen Schulen auszeichnet, sei es die Schule des frühen Mönchtums oder der griechischen Mystik, sei es die ignatianische Spiritualität oder die Mystik eines MEISTER ECKHART oder der vielen großen Frauen, die so oft als nicht mehr linientreu beargwöhnt worden sind. Eine ganzheitliche Spiritualität kann es sich nicht leisten, den Leib auszuklammern und die Träume zu vernachlässigen. Erst wenn der ganze Mensch in den Blick kommt, kann er auch als ganzer heil werden.

Träume, 35ff. 40f. 43ff. 49f

Wirklich verletzt werden können wir nicht

Wir können uns kaum dagegen wehren, dass wir verletzt werden. Bevor wir überlegen, trifft uns ein beleidigendes Wort oder eine ironische Bemerkung. Aber, so ist [der Kirchenlehrer und Bischof, 4. Jh.; *d. Hrsg.*] BASILIUS überzeugt: Wir sind der Verleumdung und Beleidigung nicht einfach ausgeliefert. Da hat die Vernunft eben eine wichtige Aufgabe, uns davon zu befreien. Mit unserer Vernunft können wir uns fragen, was die Verleumdung mit uns zu tun hat. Es ist ja das Wort eines andern, das uns im Tiefsten nicht berühren kann. Unser eigentliches Selbst kann nicht verletzt werden, unsere eigene Wahrheit wird von der Verfälschung der Wahrheit nicht getrübt.

Die Frage, die Basilius im Anschluss an [den altgriechischen Philosophen, 1. Jh.; *d. Hrsg.*] Epiktet stellt, könnte da auch für uns eine Hilfe sein: In welcher Hinsicht berührt dich das eigentlich? Welche Schicht in dir wird von dem verletzenden Wort erreicht? Es ist nur dein emotionaler Bereich, der da verwundet wird. Und diesen Bereich kannst du nie ganz verschließen und sollst es auch nicht. Da darfst du dich ruhig kränken lassen. Aber du musst immer wissen, dass darunter ein Bereich ist, der von den Worten der anderen nicht berührt werden kann. Diesen unantastbaren Bereich deines wahren Selbst kann weder ein beleidigendes Wort, noch eine verächtliche Bemerkung, noch ein verletzender Blick erreichen. Wenn ich um diese Freiheit weiß und daran fest glaube, dann wird auch die Verletzung des emotionalen Bereiches an Tiefe verlieren. Ich weiß dann, dass sich die Spur der Kränkung irgendwo in mir verläuft und nicht bis ins Innerste vordringen kann.

Natürlich besteht in solchen Anweisungen auch eine Gefahr. In der Begleitung treffe ich auch auf Menschen, die einen Panzer um sich herum aufbauen, an dem jedes kritische Wort abprallt. Sie lassen sich von keinem Wort treffen. Das ist nicht die Freiheit, die Basilius meint. Es ist vielmehr ein Bollwerk aus Angst, das sie sich aufbauen. Sie müssen an der Illusion ihrer Rechtschaffenheit festhalten, weil sonst ihr ganzes Lebensgebäude zusammenkrachen würde. Und dann wäre überhaupt kein Ich mehr da, dann wären sie wertlos und ihr Leben sinnlos. Manche brauchen diesen Schutz. Aber ich spüre dann im Gespräch, dass dieser Schutz nicht der Freiheit entspricht, sondern der Angst.

Freiheit, 68f

Freundschaft, Partnerschaft – rücksichtsvoll und frei

Ein entscheidender Bereich, in dem der paulinische Grundsatz der Rücksicht auf das Gewissen der anderen hilfreich ist, ist die Freundschaft und Partnerschaft. Da hat ein junger Mann eine feste Freundin, die er auch heiraten will. Aber er findet nichts dabei, mit einer andern Frau, mit der er regelmäßig Tennis spielt, nach dem Spiel in die Sauna zu gehen. Er meint, er sei frei, das zu tun, was ihm Spaß mache. Und das sei ja keine Untreue seiner Freundin gegenüber. Wenn dann die Freundin dagegen protestiert, weil sie es einfach nicht aushalten kann, werden oft Vorwürfe laut, sie sei zu prüde und zu eng, sie dürfe ihn doch nicht in seiner Freiheit beschneiden.

Hier ist es nicht das Gewissen der Freundin, auf das der Freund Rücksicht nehmen muss, sondern ihr Empfinden. Ich darf meine Gefühle nicht zur obersten Norm machen. In einer Freundschaft muss ich auch auf die Gefühle des Partners Rücksicht nehmen. Da nützt es nichts, wenn ich sage, mir würde das nichts ausmachen, ich würde das als Ausdruck meiner Freiheit sehen, mit der Bekannten in die Sauna zu gehen. Es kann durchaus sein, dass es dem jungen Mann nichts ausmacht und ihn in seiner Treue zu seiner Freundin nicht beeinträchtigt. Aber er muss auch seine Freundin ernst nehmen und darf ihr nicht einreden, wie sie zu fühlen habe, wie frei und offen sie sein müsse. Den anderen ernst nehmen, ohne seine Gefühle zu bewerten, das ist die Voraussetzung echter Freundschaft und Partnerschaft.

Ich erlebe viele Eheleute, die meinen, sie könnten eine Dreiecksbeziehung leben. Aber meistens spürt schon nach kurzer Zeit der Partner oder die Partnerin, dass es einfach nicht geht, dass sie bei aller Bereitschaft, dem anderen

Freiheit zuzugestehen, in ihrem Gefühl so verletzt werden, dass sie die Beziehung ihres Partners zu einer / einem anderen nicht mehr ertragen können. Echte Freiheit würde sich darin zeigen, dass ich aus Rücksicht auf den Partner auf eine Beziehung verzichten kann, die mir wichtig ist [...]

Entscheidend ist, dass ich den andern in seinem Gewissen und in seinem Gefühl ernst nehme und nicht verletze.

Freiheit, 49f

Die Leichtigkeit des Seins

Eine Frau erzählte mir von einem Mann, von dem sie nicht loskam, obwohl er sie ständig verletzte. Er habe sie so tief getroffen, weil er für sie „die Leichtigkeit des Seins" verkörperte. Sie, die bisher immer ihre Pflichten erfüllt hat, die für ihre Familie gekämpft und gesorgt hat, war so fasziniert von dieser Leichtigkeit des Lebens, dass sie sich von diesem Mann auch nicht distanzieren konnte, als er eine andere Freundin hatte. Gegen solche Abhängigkeiten kann man sich oft kaum wehren. Sie zeigen, dass eine wichtige Seite in uns getroffen worden ist. Und diese Seite müssen wir versuchen zu leben und in unsern Lebensentwurf zu integrieren. Dann werden wir innerlich freier werden. Aber es braucht oft lange Zeit, bis wir diese innere Freiheit gefunden haben. Doch wenn wir die Leichtigkeit nur spüren, wenn der andere da ist, sind wir abhängig von ihm. Wenn wir uns nur lebendig fühlen, wenn der andere in unserer Nähe ist, dann ist das gegen unsere Würde. Wir leben dann nicht aus uns heraus, sondern von der Gnade eines anderen. Vom anderen beschenkt zu werden, ist wunderschön. Aber sich unfähig zu fühlen, selbst zu leben, und immer nur danach Ausschau zu halten, dass der andere kommt, damit wir uns selbst fühlen, das führt in eine totale Abhängigkeit. Und solche Abhängigkeit ärgert uns, weil sie uns unsere Würde nimmt. Allerdings braucht es auch viel Geduld mit uns und unseren Gefühlen.

Denn solche Freiheit lässt sich nicht mit einem bloßen Willensentschluss erringen. Sie steht vielmehr am Ende eines langen Prozesses. In diesem Prozess des Freiwerdens geht es darum, dankbar anzunehmen, was der andere uns schenkt, und es immer mehr in das eigene Leben zu integrieren. Dann werden wir uns mehr und mehr selbst spüren und die Qualitäten in uns erfahren, die der andere in uns hervorgelockt hat.

Freiheit, 16f

Frei zum Nein in der Liebe

Wenn wir von einem Mann oder einer Frau fasziniert sind, so führt das erst einmal in die Abhängigkeit und Unfreiheit. Aber wenn wir das, was uns am andern fasziniert, in uns selbst verwirklichen, dann freuen wir uns immer noch am andern, aber es wächst zugleich in uns die Freiheit. Wenn wir uns nur lebendig fühlen, wenn der andere bei uns ist, dann sind wir abhängig. Und Abhängigkeit beeinträchtigt unsere Würde. Nur die innere Freiheit entspricht unserer Würde. Daher geht es nicht nur in der Freundschaft, sondern auch in der Ehe darum, diese innere Freiheit zu gewinnen. Dann kommt Gelassenheit und Weite in die Beziehung, dann dürfen wir die Freundschaft oder Partnerschaft genießen, ohne uns davon total abhängig zu machen, ohne den anderen an uns fesseln zu wollen.

Manche suchen diese Freiheit, indem sie sich innerlich völlig vom andern lösen, indem sie sich vorsagen, sie würden keinen Menschen brauchen, sie könnten alle Probleme alleine lösen. Sie haben so große Angst vor Abhängigkeit, dass sie sich auf niemanden wirklich einlassen. Das ist kein Zeichen von Freiheit, sondern von Angst und innerem Zwang.

Freiheit heißt vielmehr, dass ich mich auf andere Menschen einlasse, dass ich mich ihnen anvertraue. Ich weiß, dass ich andere brauche, um meinen Weg zu gehen. Ich lasse mich auf sie ein, lasse sie aber auch wieder los, ohne mich an sie zu klammern. Diese Spannung von Freiheit und Bindung, von Freisein und Sicheinlassen auf andere gehört wesentlich zum Menschen. PETER SCHELLENBAUM nennt diese Spannung von Freiheit und Bindung das „Nein in der Liebe", die Kunst, sich in der engen Bindung an einen anderen Menschen zugleich auch abzugrenzen und seine Freiräume zu wahren, sich auch in der Bindung innerlich frei zu fühlen, immer wieder neu die Spannung zwischen Nähe und Distanz auszupendeln. Nur wer frei ist, kann sich binden.

Freiheit, 91f

Warum ist es so kalt im Haus der Liebe?

Die wahre Freiheit besteht darin, selbstlos lieben zu können. Aber oft genug wird im Namen der Liebe die Freiheit unterdrückt und Macht ausgeübt. Wenn z. B. ein Pfarrer in der Pfarrgemeinderatssitzung bei jedem Konflikt einwirft, wir sollten doch einander lieben, dann ist das eine subtile Form von Machtausübung. Er lässt den Konflikt nicht hochkommen, er unterdrückt jeden Widerspruch. Er vermittelt denen, die ehrlich miteinander streiten wollen, ein schlechtes Gewissen. In so einer Atmosphäre „von oben verordneter Liebe“ kann man nicht kämpfen, da kann man nicht frei seine Meinung äußern. Ähnlich ist es in manchen Gemeinschaften. Da wird jede abweichende Meinung sofort damit geahndet, dass Christus doch möchte, dass wir einander lieben, dass wir miteinander eins seien. Die Liebe wird verwechselt mit erzwungener Einheit. Die wahre Einheit entsteht immer aus der gesunden Spannung von Gegensätzen. Wenn man aber im Namen der Liebe jede Spannung von vornherein vermeiden möchte, dann wird die Liebe zur Tyrannei und zum Zwang.

Es ist eigenartig, dass gerade in Klöstern, in denen man ständig von der Liebe spricht, am wenigsten geliebt wird. Da herrscht oft eine aggressive und gereizte Stimmung. Da ist nicht Freiheit, sondern Anpassung. Da ist keine Einheit, sondern Zwang. Ein Angestellter meinte einmal von der Gemeinschaft, der er diente und in der man sich als „Haus der Liebe“ bezeichnete: „Seitdem wir ein Haus der Liebe sind, wird es immer kälter bei uns.“ Wenn die Liebe nicht von der Freiheit geprägt ist, dann entspricht sie nicht der Liebe, die Jesus vorgelebt und gepredigt hat. Das vollkommene Gesetz der Freiheit, von dem Jakobus spricht, muss die Grundlage der Liebe sein, damit wir in Liebe einander die Freiheit gewähren und damit wir in unserer Liebe selbst frei sind und nicht Sklaven unserer Angst vor dem schlechten Gewissen [...]

Die Liebe, die Christus verkündet, ist nicht die Liebe von Sklaven, sondern von freien Söhnen und Töchtern, es ist die Liebe, die der Freiheit entspringt und in die Freiheit führt.

Freiheit, 100f

Ganz und gar frei sein, nur noch zu lieben

Bei manchem Menschen kann man sagen: „Das ist wahrhaft ein freier Mensch. Er ist nicht abhängig von der Meinung der anderen. Er ist nicht abhängig von Zustimmung und Zuwendung. Er ruht in sich. Er ist frei in seinem Denken. Er ist auch frei in seinem Fühlen. Er ist in Berührung mit der Wirklichkeit. Wenn er einem begegnet, so ist er ganz in der Begegnung. Er ist frei, sich einem andern ganz und ungeteilt zuzuwenden. Er ist frei von Berechnung, frei von der Überlegung, was der andere von ihm möchte oder was er von ihm denkt. Er ist frei, weil Gottes Geist ihn prägt, weil er in Gott seinen Grund hat und daher nicht ständig auf die Reaktion anderer Rücksicht nehmen muss.“ Wenn wir uns in so einen Menschen genauer hineinfühlen, werden wir bald erkennen, dass es sein Verankertsein in Gott ist, das ihn so frei gemacht hat […]

Nach solcher Freiheit sehnen wir uns alle. Sie ist das Ziel jedes geistlichen Weges. Für den Christen besteht diese Freiheit wesentlich in der Freiheit zu lieben. Aber um zu dieser Freiheit der Liebe zu gelangen, müssen wir zuerst die Freiheit von allen Abhängigkeiten einüben. Dazu geben uns die Kirchenväter und die frühen Mönche gute Anregungen. Sie stehen darin im Einklang mit vielen griechischen Philosophen, für die die Freiheit das höchste Ziel überhaupt war. Anstatt einen Gegensatz zwischen griechischer und christlicher Freiheit zu konstruieren, geht es mir um eine gesunde Verbindung, nicht um Reduzierung des Christlichen auf die psychologische Ebene griechischer Philosophie, sondern um die Integration der psychologischen Ebene in den christlichen Weg der Freiheit.

Ich habe allzu oft erlebt, wie Christen das Gesetz der Freiheit dadurch verfälschen, dass sie die Menschen mit ihrer Forderung, selbstlos zu lieben, überfordern. Denn sie nehmen die Bedingungen nicht ernst, wie wir zu dieser Freiheit von uns selbst gelangen sollen. Es ist zu einfach zu sagen, wir bräuchten einfach nur zu lieben, dann würde alles andere von allein stimmen. Die Frage ist, wie wir zu dieser Liebe fähig werden …

Freiheit, 103f

Textnachweis

Die Texte dieses Bandes wurden aus folgenden Werken von Anselm Grün ausgewählt:

BILDER: *Biblische Bilder von Erlösung.* © Vier-Türme-Verlag, Münsterschwarzach ^{4}2001.

DIMENSIONEN: *Dimensionen des Glaubens.* © Vier-Türme-Verlag, Münsterschwarzach ^{5}1997.

ENGEL: *Jeder Mensch hat einen Engel.* Verlag Herder (Herder/Spektrum 5033), Freiburg i. Br. 1999.

FREIHEIT: *Wege zur Freiheit.* © Vier-Türme-Verlag, Münsterschwarzach ^{4}2003.

GEBET: *Gebet als Begegnung.* © Vier-Türme-Verlag, Münsterschwarzach ^{9}2002.

GLAUBEN: *Glauben als Umdeuten.* © Vier-Türme-Verlag, Münsterschwarzach ^{7}2002.

HERZENSRUHE: *Herzensruhe* – In Einklang mit sich selber sein. Verlag Herder (Herder/Spektrum 5023), Freiburg i. Br. ^{4}1999.

KIRCHENJAHR: *Heilendes Kirchenjahr.* © Vier-Türme-Verlag, Münsterschwarzach ^{9}2001.

KREUZ: *Das Kreuz.* © Vier-Türme-Verlag, Münsterschwarzach ^{3}1999.

LEBEN: *Leben aus dem Tod.* © Vier-Türme-Verlag, Münsterschwarzach ^{6}2003.

MYSTIK: *Mystik und Eros.* © Vier-Türme-Verlag, Münsterschwarzach ^{6}2001.

SCHRIFTAUSLEGUNG: *Tiefenpsychologische Schriftauslegung.* © Vier-Türme-Verlag, Münsterschwarzach ^{6}2002.

Spiritualität: *Spiritualität von unten.* © Vier-Türme-Verlag, Münsterschwarzach [8]2002.

Träume: *Träume auf dem geistlichen Weg.* © Vier-Türme-Verlag, Münsterschwarzach [10]2001.

Verwandlung: *Bilder von Verwandlung.* © Vier-Türme-Verlag, Münsterschwarzach [9]2001.

Weg: *Auf dem Wege.* © Vier-Türme-Verlag, Münsterschwarzach [9]2002.

Weihnachtlich: *Weihnachtlich leben.* Verlag Herder, Freiburg i.Br. [4]2002.

Anselm Grün bei HERDER

Die Bibel
Mit Einführung und Meditationen von Anselm Grün
14,5 x 20,5 cm, 640 Seiten, Festeinband mit Lesebändchen
ISBN 3-451-27858-8

Diese Auswahlbibel enthält in etwa 50 Themenkapiteln die Kerntexte aus dem Alten und Neuen Testament der „Jerusalemer Bibel" in der beliebten Herder-Übersetzung.

Mit Herz und allen Sinnen
Jahreslesebuch
13,9 x 21,4 cm, 400 Seiten, Halbleinen
ISBN 3-451-26793-4

Zentrale Leitgedanken von Anselm Grün für ein vertieftes Leben.

Der Himmel beginnt in dir
Das Wissen der Wüstenväter für heute
10,6 x 19,8 cm, 144 Seiten, Halbleinen
ISBN 3-451-27184-2

Anselm Grün schöpft aus den zeitlich weit zurückliegenden, verborgenen Quellen geistlichen Wissens, die wie neu in unser Leben sprudeln.

Buch der Lebenskunst
13,9 x 21,4 cm, 224 Seiten, geb. mit Schutzumschlag
ISBN 3-451-27997-5

An uns selbst liegt es, dass wir glücklich werden. Darin besteht die Kunst: sich tief auf das Leben einzulassen – und offen zu bleiben für das Überraschende, das das Leben bereithält – jeden Tag.

Buch der Sehnsucht
13,9 x 21,4 cm, 224 Seiten, geb. mit Schutzumschlag
ISBN 3-451-28111-2

Inspiriert von Weisheiten der Dichter und Kennern der menschlichen Seele ermuntert Anselm Grün, sich der Kraft der eigenen Seele anzuvertrauen.

50 Engel für das Jahr
13,9 x 21,4 cm, 160 Seiten, geb. mit Schutzumschlag
ISBN 3-451-27178-8
Auch als Taschenbuch: HERDER spektrum, Band 4902

Ein himmlisches Buch zum Schmökern und Verschenken.

50 Engel für die Seele
13,9 x 21,4 cm, 160 Seiten, geb. mit Schutzumschlag
ISBN 3-451-27444-2
Auch als Taschenbuch: HERDER spektrum, Band 5277

Botschaften, die das Leben beflügeln.